Angelika Lipinski

ZELLULOIDPUPPEN SAMMELN

Ein Katalog und Preisführer

Angelika Lipinski

Zelluloidpuppen sammeln

Ein Katalog und Preisführer

Laterna magica

3. aktualisierte Auflage 1991

Satz: Satz + Buch W. Hartmann, Gauting. Druck: Passavia, Passau.

ISBN 3-87467-452-5

Printed in Germany.

Inhalt

Die Autorin dankt all denen, die mit Rat und tatkräftiger Hilfe zum Gelingen dieses Buches beigetragen haben, insbesondere Frau Katharina Engels (Puppen- und Spielzeugmuseum Rothenburg ob der Tauber), Herrn und Frau Fotouhi, Herrn Heinz Hirschmann, Frau Längle, Herrn Giuseppe Ricucci und ihrem Ehemann Gert-Rüdiger.

Vorwort

Es liegt wohl in der Natur des Menschen, etwas Liebgewonnenes zu erhalten, und so steht beziehungsweise sitzt vielleicht am Anfang jeder Puppensammlung das eigene «Fritzle», «Peterle», «Bärbele» oder wie sie alle heißen. Bei mir war es jedenfalls so, daß die beiden Zelluloidpuppen, die ich als Kind bekommen habe, später den Anfang meiner Sammlung gebildet haben.

Zelluloidpuppen genießen heute immer noch relativ wenig Ansehen, sie gelten allgemein als nicht sehr attraktiv und nicht besonders wertvoll. Sie finden eigentlich nur beim Sammler volle Anerkennung, so daß durch die große Nachfrage die Puppen nun relativ rar und entsprechend teuer geworden sind.

Leider gab und gibt es sehr wenig Informationen über dieses Sammelgebiet, und so habe ich parallel zum Sammeln begonnen, selbst etwas über die Vergangenheit der Zelluloidpuppen zu erforschen. Es ärgerte mich schon lange, daß in sämtlichen Puppenbüchern, die allgemein über alte Puppen informieren, immer nur kurz mit ein paar Zeilen, kombiniert mit ein paar Fotografien, etwas über Zelluloidpuppen erwähnt wird, und das, obwohl Zelluloidpuppen doch genauso wie Porzellanpuppen ein Stück Geschichte verkörpern.

Betrachtet man das Gesicht, den Gesichtsausdruck einer Porzellanpuppe, so kann man feststellen, daß sich da nach all den Jahren des Spielens und Aufbewahrens nichts verändert hat. Anders ist dies bei einer Zelluloidpuppe. Jede Zelluloidpuppe besitzt die liebenswürdige Eigenheit, daß sich ihr Aussehen im Laufe der Zeit verändert und an Ausstrahlungskraft gewinnt. Durch das Bespielen sind die oftmals starr aufgemalten Gesichtszüge lebendig, und das Gesicht hat einen schönen Glanz bekommen, außerdem hat das Licht, dem das Zelluloid ausgesetzt war, dessen Farbton in vorteilhafter Weise verändert. Solche Puppen sind heute individuelle Einzelstücke, die sich nicht einfach durch eine Puppe des vormals gleichen Typs ersetzen lassen.

Aus diesen verschiedenen Aspekten heraus entstand die Idee zu diesem Buch, in dem ich meine Kenntnisse und Erfahrungen, die ich während des Sammelns und Restaurierens einfach durch die Beschäftigung mit Zelluloidpuppen, deren Herkunft und Geschichte gewonnen habe, weitergeben möchte.

Ein Buch dieser Art kann wohl nie komplett sein, und es erhebt daher auch nicht den Anspruch auf Vollständigkeit. Da die meisten ehemaligen Zelluloidpuppenfabriken schon längere Zeit nicht mehr existieren und durch zwei Weltkriege manche Unterlagen vollständig vernichtet wurden, ist es heute sehr schwer, sich überhaupt erst einmal einen Überblick zu verschaffen, bevor man dann konkret mit dem Einordnen der verschiedenen Puppen nach Alter, Herkunft usw. beginnen kann. Hinzu kommt noch, daß viele Firmen zusammengearbeitet haben. Sie haben sich gegenseitig Teile geliefert (auch ins Ausland) und voneinander Puppentypen kopiert, so daß bei der Kennzeichnung ein Durcheinander entstand, das heute schwer zu ordnen ist. Es ist also keine vollständige Dokumentation über Zelluloidpuppen möglich, auch wenn man sich wie hier auf die deutschen Hersteller beschränkt. Ich bin mir auch nicht sicher, ob das überhaupt notwendig ist, denn Puppen sollten um ihrer selbst willen gesammelt werden und nicht nach der Kennzeichnung, die sie tragen.

Ich hoffe jedoch, daß die Leser, die sich für Zelluloidpuppen interessieren oder sie sammeln, in diesem Buch die Informationen finden, die sie benötigen, um ihre Sammlung zu datieren und zu ordnen, und daß diejenigen, die bisher an diesen Puppen nicht interessiert waren, an ihnen Gefallen finden und sogar zum Sammeln ermuntert werden. In diesem Sinne wünsche ich ihnen allen viel Freude beim Anschauen und Lesen dieses Buches.

Ingersheim, im Sommer 1986 Angelika Lipinski

Die Anfänge und die Weiterentwicklung der Zelluloidpuppenproduktion in Deutschland

Gegen Ende des neunzehnten Jahrhunderts wurde fast die gesamte Produktion der deutschen Puppenindustrie ins Ausland verkauft. Dies brachte jedoch große wirtschaftliche Probleme mit sich, denn die Schutzzölle der Importländer waren sehr hoch, da sie nach dem Gewicht der Ware berechnet wurden, und so mußten die relativ schweren Porzellanköpfe teuer verzollt werden. Deshalb bemühten sich alle Puppenhersteller um niedrigere Gewichte ihrer Exportartikel, und sie experimentierten mit der Neuentwicklung einer Masse, die die Köpfe leichter machen sollte. Dabei entstanden Puppenköpfe aus Holzersatzmasse, aus Hartgummi oder aus Papiermaché. Diese Köpfe waren nun zwar leichter als jene aus Porzellan, aber weniger gefragt; sie konnten sich nicht durchsetzen. Auch Köpfe aus Blech waren kein entsprechender Ersatz. Es mußte einfach ein Werkstoff gefunden werden, der allen Qualitätsansprüchen des Porzellans entsprach, aber leichter war.

Die Gebrüder Hyatt erfinden 1869 das Zelluloid

Schon im Jahr 1869 hatten in New York die Gebrüder Hyatt durch einen Zufall das Zelluloid entdeckt. Dieser Stoff ist kein Naturprodukt, sondern gilt heute als einer der ältesten Kunststoffe. Als Ausgangsmaterial für die Herstellung von Zelluloid diente Kollodiumwolle, der man Kampfer zum Weichmachen zusetzte. Kollodiumwolle entsteht durch Einwirkung eines Gemisches von Salpetersäure und Schwefelsäure auf Zellulose, die aus Baumwolle oder aus Zellstoff bereitet wird. Kampfer wurde früher als Naturprodukt verwendet; man gewann ihn aus den in Japan und China vorkommenden Kampferlorbeer-Bäumen durch Wasserdampfdestillation. Später dann wurde in Deutschland fast ausschließlich synthetischer (künstlicher), aus Terpentinöl gewonnener Kampfer verarbeitet. Bei der Herstellung des Zelluloid wurde Kollodiumwolle in alkoholfeuchtem Zustand mit Kampfer zu einer teigartigen Masse geknetet. Diese Masse wurde unter Anwendung von Druck und Wärme in großen hydraulischen Pressen zu Blöcken gepreßt, wodurch das Material seine hornartige, feste Beschaffenheit erhielt. Aus diesen Blöcken wurden Platten oder Stäbe geschnitten. Die teigartige Masse ließ sich aber auch mittels geeigneter Pressen zu Röhren in verschiedensten Abmessungen ziehen. Zum Schluß wurden die fertigen, noch frischen Platten, Stäbe oder Röhren in warmen Räumen getrocknet, wobei ihnen gleichzeitig der noch vorhandene Alkohol entzogen wurde. Zelluloid konnte glashell sowie in jedem gewünschten Farbton hergestellt werden und nicht nur einfarbig, sondern auch mehrfarbig

Das Rohzelluloid wurde in Blöcken, Platten oder Stäben geliefert gemustert. Besonders beliebt waren Elfenbein- und Schildpattmuster sowie Horn-, Marmor- und Perlmuttfarben. Da die Farben durch Einmischen mit der Masse verbunden wurden, waren sie unbedingt haltbar.

Zelluloid, der Kunststoff mit den idealen Eigenschaften

Das charakteristische Merkmal des Zelluloids bestand darin, daß es bei normaler Temperatur hornartig fest und dennoch in hohem Maße elastisch, bei erhöhter Temperatur (80 bis 90 °C) aber plastisch und formbar war, daß es aber wieder die alte Härte und Elastizität annahm, sobald es auf die normale Temperatur zurückging. Man konnte dies beliebig oft wiederholen. Zelluloid ließ sich schneiden, sägen, bohren, fräsen, biegen, prägen, pressen, ziehen, weiten, blasen, auf Hochglanz polieren und mit Lösungsmitteln haltbar kitten. Zelluloid hatte keine Poren, so daß Staub und Schmutz nicht eindringen konnten. Zelluloid war wasserfest und beständig gegen Säuren und Laugen mittlerer Konzentration. Es ließ sich so vielseitig und leicht verarbeiten wie kein zweiter Kunststoff und fand deshalb Verwendung auf unzähligen Gebieten: Man fertigte zum Beispiel Kämme, Griffe, Spielzeug und später auch Filme daraus. Der Hauptnachteil des Zelluloids jedoch war seine leichte Entflammbarkeit; deshalb wurden dem Material nach und nach verschiedene Zusatzstoffe beigefügt, die ein schnelles Entflammen verhindern sollten.

Die älteste Zelluloidwarenfabrik der Welt

Zelluloidwarenfabriken entstanden ab 1880 in allen Ländern Europas. Neben dem Biskuitporzellan wurde das Zelluloid zur zweiten tragenden Säule der Puppenindustrie. In Deutschland war der erste, gleichzeitig größte und erfolgreichste Hersteller von Zelluloidpuppen die Rheinische Gummi- und Celluloidwarenfabrik in Mannheim-Neckarau. Sie gilt heute als älteste Zelluloidpuppenfabrik der Welt, ihre Puppen gingen in die Puppengeschichte als «Die mit der Schildkröte» ein.

Der Siegeszug der neuartigen Puppen

Die ersten Zelluloidpuppen wurden ab 1896 in Deutschland hergestellt, indem man anfangs Zelluloidplatten und später auch Zelluloidröhren in Metallformen durch Erwärmen plastisch gestaltete. Mit diesen Metallformen wurden einzelne Puppenteile gepreßt und mit Laschen zusammengeklebt. Nach vielen Versuchen gelang es, gleichmäßig gute Puppen aus dem neuen Werkstoff – dem Zelluloid – zu schaffen. Die ersten Modelle waren zwar nicht das, was man sich vorgestellt hatte, sie waren steif und relativ unbeweglich, sie ähnelten von der Farbe her dem bleichen Biskuit, hatten nur gemalte Augen und modellierte Haare und waren etwas teurer als die bisher üblichen Puppen. Die Tatsache, daß diese neuartigen Puppen abwaschbar und nicht so leicht zerbrechlich waren wie Porzellanpuppen und außerdem ein geringeres Gewicht hatten, wurde bald bekannt und auch beim anfangs skeptischen Spielwarenhandel sehr geschätzt.

Es gab dann aber auch Puppen mit einem Zelluloid-Brustblattkopf, der auf einen gut gearbeiteten Ziegenleder- oder Wachstuchkörper aufgenäht war, oder Puppen mit einem Zelluloidkurbelkopf, der an einem Gliederkörper befestigt war. Diese Puppen hatten feststehende Glasaugen oder Schlafaugen und Echthaar- oder Mohairperücken. Auch Halbarme, Hände, Unterschenkel und Füße wurden für die sogenannten Balgpuppen aus Zelluloid gefertigt.

Die Preßformen mit Dampfdruck

Die etwas spätere Methode, Ganzzelluloidpuppen herzustellen, bestand darin, daß zunächst Platten oder Röhren aus Zelluloid durch Wärme erweicht und in heiße Metallformen gelegt wurden. Diese Formen waren zweiteilig und wurden durch starken Druck aufeinandergepreßt. Dann wurde Dampf zugelassen, und dieser Dampfdruck bewirkte, daß sich das Material geschmeidig in das Innere der Form einpreßte. Nach genau bemessenen Zeiten wurde der Dampf wieder abgestellt; die Formen wurden mit Wasser gekühlt und dann geöffnet. Durch dieses Verfahren entstanden aus Platten (oder Röhren) geformte Puppenteile, also Köpfe, Rümpfe, Arme und Beine.

Die Blasmethode

Bei der Blasmethode, die im Gegensatz zur Preßmethode die Arbeit des Zusammenfügens der Halbformen ersparte, entstanden gewöhnlich mehrere gleichartige Teile, und schon beim «Ausbrechen», wie man das Trennen nannte, setzte die erste Kontrolle ein – schwach geblasene Rohlinge, beispielsweise Köpfe mit dünnen Stellen, kamen sofort zum Abfall. Die rohen Puppenteile waren allerdings noch recht unansehnlich – sie wurden gewaschen und so von etwaigen Verunreinigungen befreit. Da die Formen aus zwei Hälften bestanden, ergab sich an den Puppenteilen ein Grat, der mit besonderen Werkzeugen entfernt wurde. Diese Gratstellen und überhaupt die ganze Oberfläche der Puppenteile glättete man auf einer Schleifscheibe mit Bimssteinpulver und Wasser.

Weiterverarbeitung der Puppenrohlinge

Als nächstes wurden Löcher für das Anbringen der die Glieder verbindenden Gummischnur gebohrt. Bei den Köpfen wurden die Augenhöhlen teilweise ausgeschnitten und Glasaugen, später auch Schlaf- beziehungsweise Schelmenaugen eingesetzt. Nachdem die einzelnen Teile zur fertigen Puppe zusammengesetzt waren, erhielten die Puppen in der Malerei ihre letzte Vollendung. Teils wurden nur die Köpfe oder die Gesichter bemalt, teils wurde die ganze Oberfläche durch eine Mattierung verfeinert. Als die ersten Zelluloidpuppen entstanden, gab es bereits eine in Heim- und Werkarbeit gegliederte Puppenerzeugung für Leder-, Stoff- und Porzellanpuppen. In Heimarbeit wurden all die Arbeiten verrichtet, die keine Maschinen erforderten. Diese Heimarbeit, die dann auch bei der Produktion von Zelluloidpuppen notwendig war, wurde vorwiegend von Frauen ausgeführt.

Auf der Suche nach neuen Methoden und Verfahren bei der Herstellung von Zelluloidpuppen war die «Rheinische» führend. Sie meldete nacheinander unzählige Patente beim Kaiserlichen Patentamt in Berlin an, so unter anderem für die verschiedensten Vorrichtungen zum Befestigen von Glasaugen, später auch Schlaf- und Schelmenaugen in den Zelluloidköpfen.

Die Anfänge der «Rheinischen»

Schon um die Jahrhundertwende begann die «Rheinische» mit ersten Experimenten, ein transparentes, wachsartiges Zelluloid herzustellen, das es ermöglichen sollte, realistisch wirkende Puppenköpfe und -körper anzufertigen. Dies war etwas völlig Neuartiges, hatte aber den Nachteil, daß keine beweglichen Augen in Köpfe aus solchem durchscheinenden Zelluloid eingesetzt werden konnten, da die Metallteile der Augengestelle dunkel durchschimmerten. Dieser Nachteil wurde aber sehr schnell dadurch beseitigt, daß die transparenten Zelluloidpuppenköpfe von innen zuerst mit einer cremig-weißen und dann mit einer blutroten Farbe gespritzt wurden. Die Köpfe waren somit nicht mehr durchscheinend. Man nannte sie «MIBLU» (Abkürzung für «Milch und Blut» – bezogen auf das rosige Aussehen dieser Köpfe, die das typisch deutsche Kind symbolisierten). Man erkennt einen «Miblu-Kopf» heute nicht an seinem rosigen Aussehen, sondern an einer ziemlich dunklen, gelblich-braunen Verfärbung des Teints, und an den Stellen, wo sich die Farbschicht gelöst hat, zeigen sich dunkle, durchscheinende Stellen. Die Firma Koenig&Wernicke stellte später auch solche Köpfe unter dem Namen «Cellowachsköpfe» her. Die Besonderheit dieser Köpfe waren die hellblauen Augen, sogenannte Reflexaugen, die den Betrachter stets anblicken.

Zelluloidkörper mit hautähnlicher Oberfläche und Färbung

Um auch den Zelluloidkörpern ein natürliches Aussehen zu geben, da die Puppen, die man waschen und baden konnte viel als Nacktpuppen verwendet wurden und darum eine möglichst naturgetreue «Haut» haben mußten, wurden die blassen Körper angerauht, eine trockene Schminke aus Karmin- und Zinnoberrot mit einem Pinsel aufgetragen und die gefärbten Partien danach mit einem durchsichtigen Mattlack überzogen, damit ein glatter, natürlich wirkender Farbton entstand. Später wurde die Fleischfarbe einfach mit der Zelluloidmasse vermischt, das Material also mit Farbe durchsetzt. In den vierziger Jahren wurde dann die neue Farbvariante «Sonnenbraun» entwickelt, hervorgerufen durch die allgemein verbreitete Liebe zum Freiluftsport. Bei der Puppe «Sonnenbraun» wurde ein gelblich-, rötlichbrauner Mattlack aufgespritzt, der in die Oberfläche des Puppenkörpers eindrang und sich mit diesem verband, da die Farbe weder beim Gebrauch der Puppe noch durch das Waschen abgehen sollte. Das Auftragen dieser Sonnenbraunfarbe geschah durch Spritzpistolen. Ein starker Luftdruck trieb die Farbe aus einem Behälter in eine kleine Düse, wodurch eine sprühartig feine Verteilung auf der zu mattierenden Fläche erfolgte. Auf dieselbe Weise sprühte man auch die kontrastierende hell- oder silberblonde Harrfarbe auf.

Die Rheinische Gummi- und Celluloidwarenfabrik hat seit Aufnahme ihrer Puppenfabrikation auch Köpfe und Teile für andere deutsche Puppenhersteller gefertigt. So wurden zum Beispiel für die Firma Kämmer& Reinhardt Brustplatten- und Kurbelköpfe produziert (Kopfmarke einer solchen Puppe: K [Stern] R und Schildkröte ohne, später mit Raute).

Die «Rheinische» als Zulieferer für andere Puppenfabriken

Auch die Firma J. D. Kestner junior ließ einige Modelle eines Zelluloidpuppenkopfes bei der «Rheinischen» anfertigen. Diese Puppe, die für den alleinigen Gebrauch von JDK bestimmt war, hatte einen Zelluloid-Brustplattenkopf, Zelluloidunterarme und -beine und war eine der letzten Puppentypen, die Kestner angefertigt hat. Sie trägt die J.D.K.-Marke mit Zahl auf dem Schulterkopf und die Schildkröte ohne und später mit Raute.

In den zwanziger Jahren belieferte die «Rheinische» die Firma Koenig&Wernicke in Waltershausen mit Puppenköpfen, Marke: K&W und Schildkröte mit Raute. Auf diese Weise entstanden die Doppelsignaturen auf sehr vielen Puppenköpfen.

Schildkrötprodukte werden auch an französische Puppenhersteller geliefert

Eine ganze Reihe von Puppenköpfen mit der Schildkrötmarke wurde aber auch an andere Herstellerfirmen geliefert und für Puppen mit Ziegenleder- oder Stoffbälgen oder Gliederkörpern verwendet, ohne daß man den gewiß nicht geringen Umfang dieser Produktion und ihre Weiterverarbeiter heute noch nachweisen kann. Es ist deshalb durchaus anzunehmen, daß zu Anfang der Zelluloidpuppenzeit nicht nur deutsche Hersteller wie zum Beispiel Buschow&Beck, sondern auch französische Firmen sich der Schildkrötprodukte bedienten. Auffallend ist dabei auch, daß trotz der Vielfalt der verschiedenen Puppen doch sehr ähnliche, fast genau kopierte Puppentypen von mehreren Herstellern angeboten wurden.

Kämmer & Reinhardt – Pioniere auf dem Gebiet der Zelluloidpuppen

Firmen, die vor allem Porzellanpuppen herstellten, boten ihre beliebtesten Puppentypen auch als Zelluloidversion an. Ein Beispiel dazu ist die Firma Kämmer&Reinhardt. Sie experimentierte schon ab 1890 mit dem neuen Werkstoff Zelluloid und entwickelte nach langen Versuchsreihen ein Verfahren, das es ermöglichte, dem Zelluloid eine anmutig weiche Oberfläche zu geben. In enger Zusammenarbeit mit der «Rheinischen» hat Kämmer&Reinhardt in Deutschland Pionierarbeit auf dem Gebiet des Zelluloid und der Produktion von Zelluloidpuppen geleistet. Das bekannteste Beispiel für diese Zusammenarbeit ist wohl die von K&R entworfene realistische Nachbildung eines etwa sechs Wochen alten Babys. Diese in Sammlerkreisen als «Kaiserbaby» bekannte und sehr begehrte Biskuitporzellankopfpuppe wurde von der «Rheinischen» und auch von K&R selbst als Zelluloidpuppe hergestellt.

Besonders erwähnenswert ist noch die Firma Buschow & Beck, in Reichenbach (später Nossen), die zu Beginn vor allem Blechkopfpuppen herstellte, aber auch schon vor 1900 Experimente mit Zelluloid machte. Ihr Markenzeichen «Minerva» wurde im Ausland erst bekannt, als Puppenköpfe aus Metall angeboten wurden, die mit Zelluloid überzogen waren. Später stellte die Firma auch Puppen ganz aus Zelluloid her. Sehr auffällig sind dabei die verschiedenen kleinen Typen von Puppenstubenpüppchen, die in allen Variationen und mit aufwendigen, bis ins kleinste Detail gehenden Modellierungen hergestellt wurden. Während andere Hersteller in der Regel ihre Puppenmodelle in verschiedenen Größen, auch in Puppenstubengröße, herstellten, sind die von Buschow & Beck gefertigten Puppenstubenpüppchen ganz eigene Typen, die nur in dieser kleinen Größe vorkommen.

Buschow & Beck liefert Puppenköpfe aus Metall mit Zelluloidüberzug

Die meisten Firmen, die Zelluloid und Zelluloidpuppen herstellten, produzierten hauptsächlich in den zwanziger und dreißiger Jahren. Viele davon mußten die Fabrik aber noch vor oder während des Zweiten Weltkriegs schließen oder verkaufen – sie konnten sich neben dem Branchenriesen, der «Rheinischen Gummi- und Celluloidwarenfabrik», nicht behaupten.

Umstellung von Zelluloid auf andere Kunststoffe

Die Herstellung von Zelluloid wurde aus sicherheitstechnischen und gesundheitlichen Gründen Anfang der sechziger Jahre in Deutschland verboten. Die Puppenhersteller, die zu dieser Zeit noch produzierten, stellten entweder frühzeitig auf andere Kunststoffe (z. B. Cellidor oder Tortulon) um, oder sie mußten die Firmen schließen beziehungsweise verkaufen.

Erkennungsmerkmale, Typen und Marken

Außer der Markierung an Hals oder Körper gibt es auch noch einige andere Möglichkeiten, anhand derer man das ungefähre Alter einer Puppe ermitteln und die teilweise sehr typischen Merkmale einer bestimmten Herstellerfirma erkennen kann. Dazu gehören zunächst Farbe und Beschaffenheit des Zelluloid, Haarfarben und Kopfformen.

Miblu-Köpfe – von innen bemaltes durchsichtiges Zelluloid

Ganz frühes Zelluloid hat eine gelblich-blasse Farbe und ist auch verhältnismäßig leicht. In den Jahren 1900–1930 gab es von verschiedenen Herstellern («Rheinische», Koenig&Wernicke u. a.) sogenannte MIBLU-Köpfe. Es handelt sich hierbei um Köpfe aus durchsichtigem Zelluloid, das von innen mit Farbe bespritzt wurde. Heute sind sie an einer gelblich-braunen Verfärbung des Teints (ursprünglich war der Teint rosig) zu erkennen, und dort, wo sich die Farbschicht im Kopf gelöst hat, zeigen sich dunkle, durchscheinende Stellen. Nach 1830 wurden manche Zelluloidpuppen mit Farbe überspritzt – man erhielt so den Hautton «sonnenbraun» oder «fleischfarben» (hellrosa). Der sonnenbraune Hautton kommt vor allem bei Puppen der Marken Schildkröt und Cellba vor.

Die Bemalung der modellierten Haare mit kräftigen Farben erfolgte auch etwa ab 1930. Vorher waren die geprägten Haare nur leicht getönt oder von derselben Farbe wie die übrige Puppe. Die «Rheinische» verwendete wohl die verschiedenartigsten Haarfarben: von Weißblond mit Perlmuttglanz über Blond, Brünett, Rotblond bis zu Kastanienbraun. Die anderen Hersteller von Zelluloidpuppen beschränkten sich in der Regel auf Kastanienbraun und Blond.

Die gebräuchlichsten Kopfformen aus Zelluloid sind Schulterköpfe, Kurbelköpfe und Einbindeköpfe – diese Formen bezeichnen die Art des Überganges vom Hals zum Körper.

SCHULTER- ODER BRUSTPLATTENKÖPFE

Roßhaar, Seegras, Sägemehl als Füllmaterial

Diese unbeweglichen Zelluloidköpfe wurden von 1890 bis etwa 1930 von fast allen Herstellern gefertigt. Sie gehören zu sogenannten Balgpuppen, deren Körper aus weichem Material wie Stoff oder strapazierfähigem Leder hergestellt wurden. Die Körper sind mit Roßhaar, Seegras oder Sägemehl gefüllt und oft mit Zelluloidgliedern kombiniert. Die Schulterköpfe sind angeklebt oder aufgenäht. Die Größenbezeichnung der Köpfe ist in der Regel als Halsmarke auf dem Hinterkopf angebracht. Hier eine Auswahl von verschiedenen Schulterköpfen, hergestellt von der «Rheinischen».

1 2 3 4 5 6 7

1 – Um 1910 · modellierte Haare · gemalte Augen · geschlossener Mund · 6 cm

Halsmarke: Germany
Schildkröte in Raute[1)]
Schutzmarke
6

2 – Um 1900 · Glattkopf · braune Schlafaugen · modellierte Augenbrauen · offener Mund mit Zelluloidzähnchen · 11 cm

Halsmarke: Schildkröte o. Raute
SCHUTZMARKE
No // 11

3 – Um 1900 · modellierte Haare · braune feststehende Glasaugen · offener Mund mit Zelluloidzähnchen · 8,5 cm

Halsmarke: Schildkröte o. Raute
SCHUTZMARKE
No // 8½

4 – Um 1910 · Glattkopf · braune Schlafaugen · modellierte Augenbrauen · offener Mund mit Zelluloidzähnchen · 14 cm

Halsmarke: GERMANY
Schildkröte in Raute[1)]
SCHUTZ-MARKE
14

5 – Um 1915 · modellierte Haare · blaue geprägte Augen, offener Mund mit Zelluloidzähnchen · 11 cm

Halsmarke: GERMANY
Schildkröte in Raute[1)]
11

6 – 1926 · Glattkopf · braune Schlafaugen · offener Mund mit Zelluloidzähnchen · 16,5 cm

Halsmarke: Schildkröte in Raute[1)]
GERMANY
1926
16½

7 – 1926 · Glattkopf mit Mohairperücke · blaue Schlafaugen mit Wimpern · offener Mund mit Zelluloidzähnchen · 9 cm

Halsmarke: Schildkröte in Raute[1)]
GERMANY
9
1926

[1)] altes Zeichen; vgl. S. 86 ff.

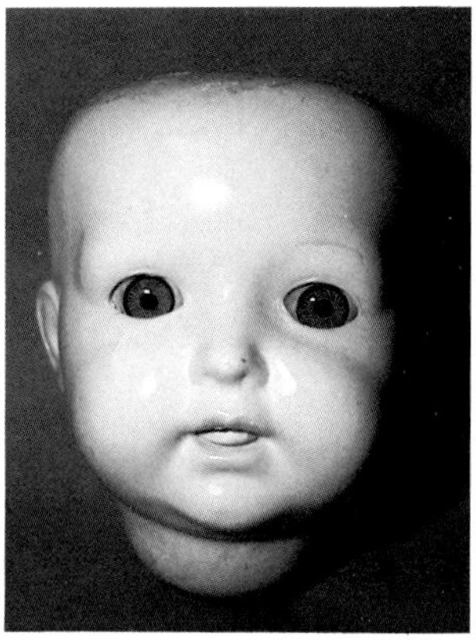

Miblu-Kurbelkopf um 1920 · 13 cm

Halsmarke: K W
W im Kreis
298/13
Schildkröte in Raute[1)]
GERMANY

KURBELKÖPFE

Diese drehbaren Zelluloidköpfe wurden etwa ab 1900 hergestellt. Sie gehören auf Composition-, Glieder- und hauptsächlich auf Zelluloidkörper. Sie sind unten abgerundet, werden mit einer Feder oder Gummischlinge in den jeweiligen Körper eingehakt und sind daher beweglich. Die Kurbelköpfe gibt es in verschiedenen Größen, als Glattkopf mit Perücke, als geschlossenen Kopf mit modellierten Haaren, mit feststehenden Glasaugen und beweglichen Schlaf- oder Schelmenaugen.

Bei Köpfen, die nicht auf einen Zelluloidkörper gehören, ist die Größen- und Serienbezeichnung aus der Halsmarke ersichtlich. Bei Köpfen für Zelluloidkörper ist nicht die Größe des Kopfes angegeben, sondern die Nummer der Halsmarke, die der Länge des dazugehörenden Körpers mit Kopf entspricht. Nummern auf Kopf und Körper müssen identisch sein oder dürfen wenigstens nicht sehr voneinander abweichen.

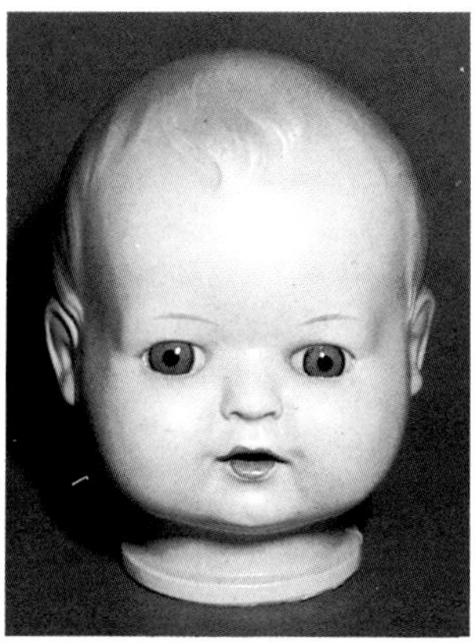

Ringhalskopf um 1935 · 12 cm

Halsmarke: Schildkröte in Raute
107/12

RINGHALSKÖPFE

Diese drehbaren Einbindeköpfe wurden etwa von 1920 bis 1940 in Form von Babyköpfen hergestellt. Sie gehören auf einen Stoffkörper, der mit Seegras oder Sägemehl gefüllt ist und entweder Stoff- oder Zelluloidglieder hat. Der Ringhalskopf trägt unten am Hals eine Art Wulst, so daß er in den Stoffkörper eingebunden werden kann und trotzdem beweglich bleibt. Es gibt diese Köpfe in verschiedenen Größen, mit gemalten Augen, feststehenden Glasaugen und mit Schlaf- oder Schelmenaugen. Die Größen- und Serienbezeichnung der Köpfe ist aus der Halsmarke ersichtlich.

ZELLULOIDKÖRPER UND -GLIEDER

Den Zelluloidkörper mit beweglichen Zelluloidgliedern gibt es seit etwa 1904. Bei allen Zelluloidpuppen, gleichgültig von welchem Hersteller, kann man feststellen, daß die älteren Körper eine ausgeprägtere Modellierung aufweisen. Je älter ein Körper

Babykörper mit flachem Po um 1915 · Höhe mit Kopf 37 cm

Körpermarke: Schildkröte in Raute[1)]
Schutzmarke
37

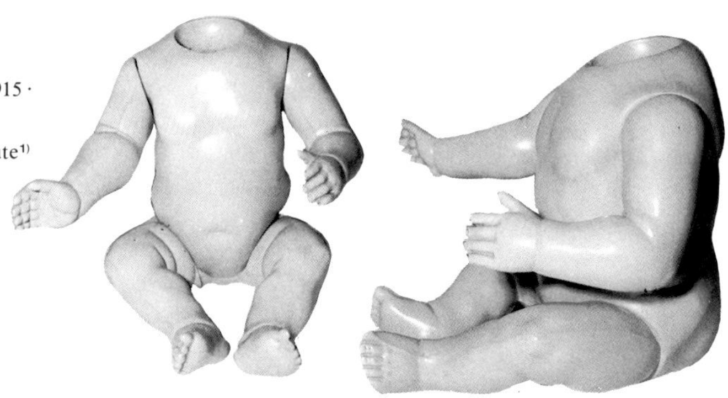

[1)] altes Zeichen; vgl. S. 86 ff.

ist, desto besser ausmodelliert sind auch seine Glieder – jede Falte ist gut sichtbar – und um so lebensechter wirkt die ganze Puppe. Je jünger die Puppen sind, desto weniger Modellierung weisen sie auf. Dies ist an den Körpern und vor allem auch an Händen und Fingern gut zu erkennen.

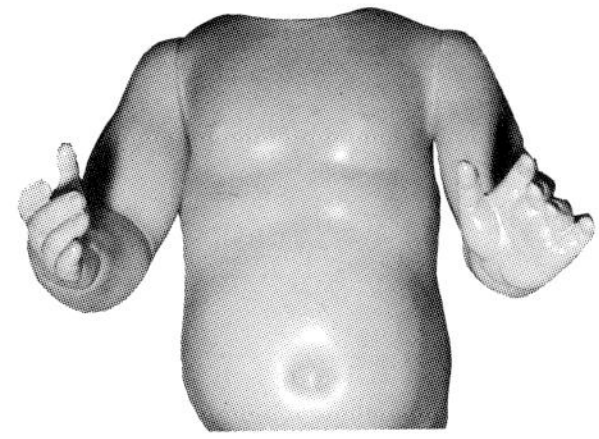

Körper um 1930 · 56 cm (m. Kopf)
Körpermarke: Schildkröte in Raute 56

Beachtenswert sind auch die Hand- und Armstellung sowie die Beinhaltung: Bei alten Puppen ist die Form des rechten Arms anders als die des linken, bei jüngeren Puppen gibt es diesen Unterschied kaum noch. Genauso ist es mit den Beinen – allerdings nur bei Puppen mit angewinkelten Beinen. Ein Beispiel hierfür gibt die auf Seite 16 abgebildete Puppe. Deutlich sind die ausmodellierten Glieder und der feingeformte Kleinkindkörper sichtbar. Der linke Arm ist stark angewinkelt und dem Körper zugewandt, der rechte Arm ist ausgestreckt und weist vom Körper weg, während bei den Beinen das rechte stärker angezogen ist als das linke.

Auch der nebenstehende Puppenkörper ist sehr schön ausmodelliert (Brustwarzen und Bauchnabel, fein gearbeitete Finger und Handflächen). Er ist um 1930 entstanden, kurz vor der Zeit, als die Handformen und Fingerstellungen für alle neuen Puppentypen der Marke «Schildkröt» geändert und vereinfacht wurde. Die Arm-, Hand- und Fingerstellung wurde dabei links und rechts gleich (ausgenommen «Strampelchen»), die Arme blieben leicht angewinkelt und standen etwas vom Körper ab, bei der Handstellung wurde ein Mittelweg zwischen zum Körper hingewandt und davon abgewandt gefunden. Der linke Arm ist bereits der typische «Schildkröt»-Arm nach 1930, der von vielen anderen Zelluloidpuppenherstellern in gleicher Form übernommen wurde. Der rechte Arm zeigt eine alte Form der Hand- und Fingerstellung von Puppen der Marke «Schildkröt».

UNTERARM- UND HANDFORMEN BEI BALGPUPPEN

Auffällig an diesen Unterarmen ist ihre besonders feine, ausgeprägte Modellierung der Hände und Handflächen (Fingernägel, Fältchen an den Fingergelenken etc.). Die Unterarme in Abbildung A gehören zu einem Ziegenlederkörper. Sie werden mit einem Draht, der durch die Löcher geführt wird, am Körper mit Nieten befestigt und sind daher am Ellbogengelenk beweglich, das heißt, sie können zum Körper hin abgewinkelt werden. An der Innenseite des Armes befindet sich die Kennzeichnung: 6. (= Größe) [Schildkröte in Raute] (altes Zeichen) / GERMANY. Eine solche Kennzeichnung der Arme ist allerdings nicht nur an Puppen der Marke Schildkröt zu finden, sondern auch zum Beispiel an Puppen der Marken Minerva

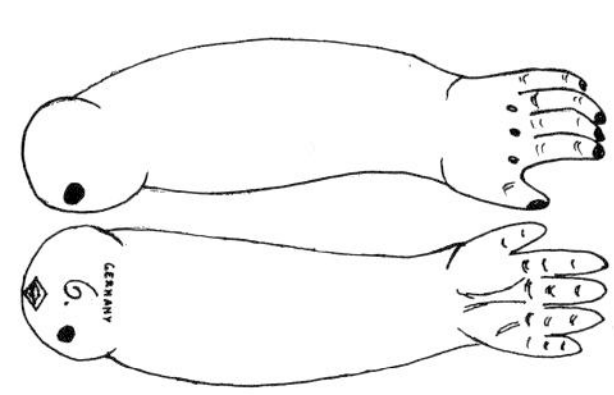

A – Unterarme eines Ziegenlederkörpers

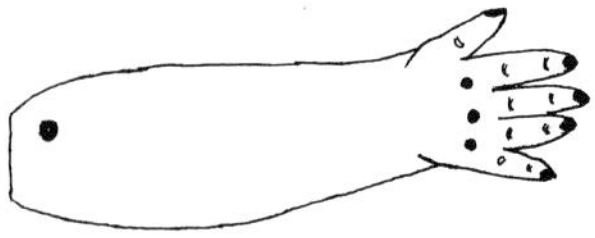

B – Unterarm eines Wachstuchkörpers

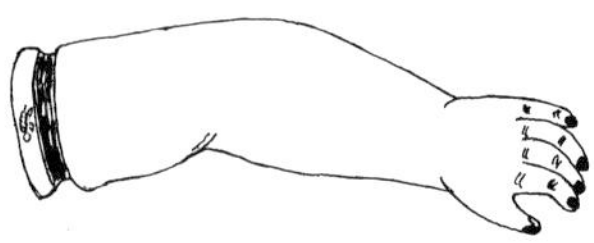

C – Unterarm eines Wachstuchkörpers mit Kennzeichnung (oben am Ring): Schildkröte ohne Raute

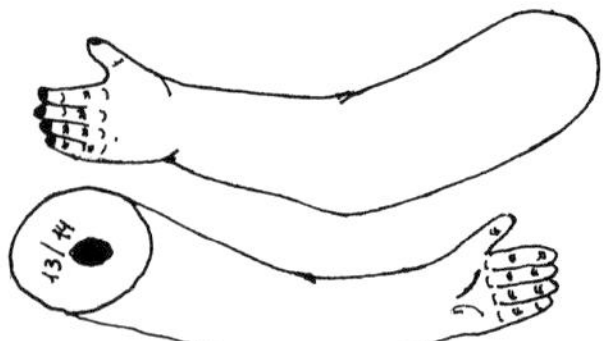

D – Unterarm einer Stehpuppe · Kennzeichnung 13/14 (Größe)

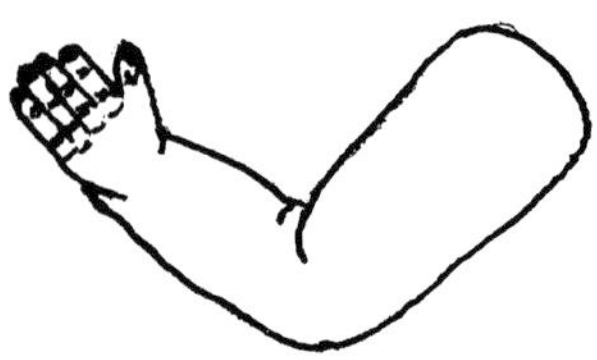

E – Fast rechtwinklig gebogener Unterarm eines «Kaiserbabys»

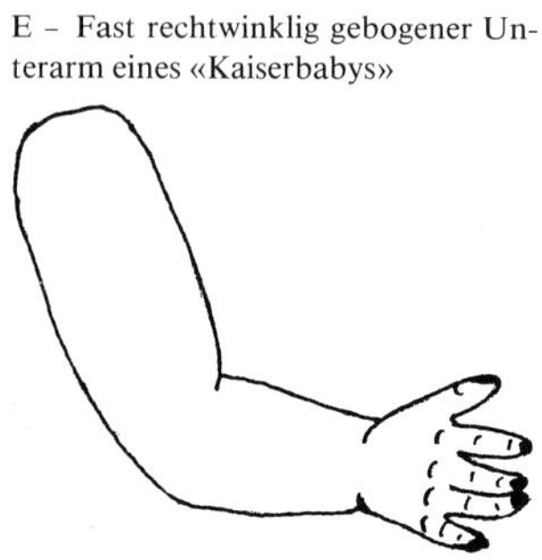

F – Typische Arm- und Handform für Puppen nach 1930

oder Kestner, da sich viele Firmen Glieder von der «Rheinischen» anfertigen ließen. Dies bedeutet aber nicht, daß sie nicht auch gleichzeitig oder später eigene produziert haben.

Der Unterarm in Abbildung B gehört zu einem Wachstuchkörper. Er wird ebenfalls mit einem Draht am Körper befestigt und ist daher beweglich. Kennzeichnung: Nur die Zahl 6 an der Innenseite als Angabe der Größe. Die Fingerstellung mit dem relativ weit abgespreizten kleinen Finger ist ungewöhnlich.

Auch der Unterarm in Abbildung C gehört an einen Wachstuchkörper. Er ist etwas länger, weil er erst ein Stück nach dem Ellenbogen aufhört. Daher ist er auch leicht abgewinkelt. Er wird in der Vertiefung am Oberarm in den Körper eingebunden und ist am Ellenbogen nicht beweglich, sondern läßt sich nur an den Schultern auf und ab bewegen.

ARM- UND HANDFORMEN AN GANZZELLULOIDPUPPEN

Bei den sehr frühen Ganzzelluloidpuppen unterscheiden sich die Arm- und Handformen der einzelnen Firmen kaum voneinander, vermutlich auch deshalb, weil die Einzelteile gegenseitig gefertigt wurden. Bei fast allen Armen ist auf der Innenseite des Scheibengelenks die Größe angegeben – sie muß mit der Größe des Körpers identisch sein.

Die Arme in Abbildung D gehören zu einer Stehpuppe Marke «Schildkröte ohne Raute». Alle Finger sind gerade ausgestreckt und geschlossen – nur der Daumen steht ab. Die Arme sind kaum angewinkelt, die Finger sehr fein modelliert.

Sehr alte Puppenarme kann man auch an der Art ihrer Befestigung erkennen. Sie haben keinen Anker, der die Gummikordel im Arm festhält, sondern Zelluloidstifte, die fest in die Gelenkscheibe geklebt sind. Diese Art der Befestigung wurde bis etwa 1915 von fast allen Herstellern verwendet.

Der Arm in Abbildung E gehört zu einem «Kaiserbaby» Marke «Schildkröte ohne Raute». Fingerstellung wie oben. Auffallend: Der Arm ist fast rechtwinklig gebogen. Feine Modellierung an den Fingern. Kennzeichnung: 8 (= Größe).

Die typische Arm- und Handform für Puppen nach 1930 zeigt Abbildung F. Sie kommt an vielen Puppen, gleichgültig welcher Marke, vor. Dieser Arm gehört zu einer Puppe Marke «Schildkröte in Raute» (neueres Zeichen). Er ist nicht mehr so stark abgewinkelt, aber auch nicht flach ausgestreckt – ein Mittelweg wurde gefunden. Die Modellierung der Finger ist nicht mehr so fein, bei Nachkriegspuppen ist sie fast gar nicht mehr vorhanden. Die Fingerstellung hat sich verändert: Mittel- und Ringfinger bleiben geschlossen, sind aber nach innen abgewinkelt, die anderen Finger sind etwas abgespreizt.

ARM- UND HANDFORMEN VON GANZ-ZELLULOIDPUPPEN DER FIRMA CELLBA

Die Firma Cellba war wohl der einzige deutsche Hersteller, der von Anfang an die Glieder zu seinen Puppen selbst entworfen und hergestellt hat. Das Erkennungsmerkmal von allen Originalgliedern der Firma Cellba sind sternförmig angeordnete eingeprägte Rillen an der Gelenkscheibe – dort befindet sich auch die Größenangabe der Glieder.

Die Arme in Abbildung G gehören zu einer frühen Cellba-Puppe um 1930. Sie sind leicht angewinkelt, die Finger fast geschlossen, nur der Daumen steht ab. Die Finger sind fein modelliert. Kennzeichnung: 31/32 (= Größe).

Der Arm in Abbildung H gehört zu einer Cellba-Puppe aus der Zeit zwischen 1940 und 1950. Auffallend: Die Modellierung an den Fingern ist gegenüber früher minimal, die Finger sind auseinandergestreckt, nur Mittel- und Rinfinger sind noch etwas geschlossen. Kennzeichnung: 46 (= Größe).

Der Arm in Abbildung I gehört zu einer Cellba-Puppe nach 1950. Auffallend: Alle Finger sind gespreizt – es sind plumpe Finger –, die Modellierung fehlt fast ganz. Kennzeichnung: 24 (= Größe).

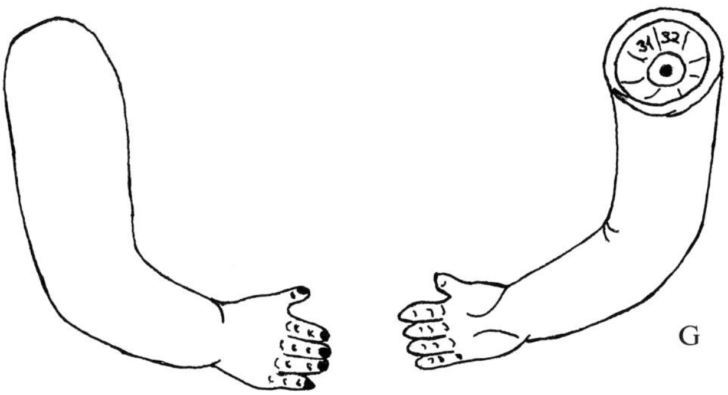

G

I

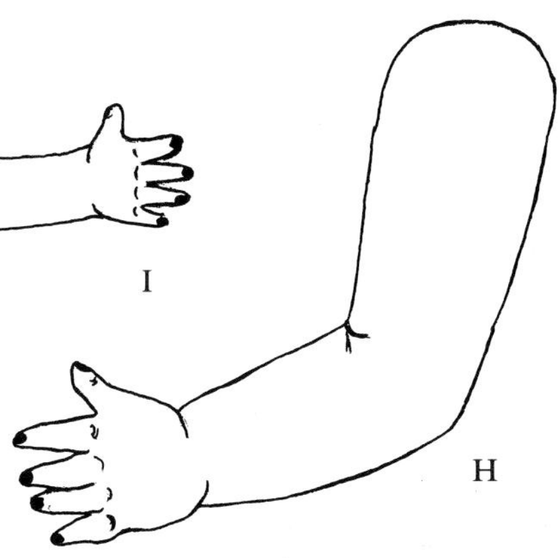

H

Sternförmig angeordnete Rillen an den Gelenkscheiben sind das Erkennungsmerkmal von Originalgliedern der Firma Cellba.

Deutsche Zelluloidpuppenhersteller und ihre Marken

Eine Aufstellung der Puppenhersteller und -fabriken ist schwierig und wird wohl immer unvollständig sein, denn zu keiner Zeit sind alle Betriebe erfaßt und registriert worden und einige lieferten auch unter anderem Namen ihre Produkte auf den Weltmarkt. Außerdem haben die beiden Weltkriege, mancher Besitzerwechsel und, verursacht durch die leichte Entflammbarkeit des Materials, mehrere Brandkatastrophen in verschiedenen Zelluloidfabriken viele Spuren verwischt. Selbst mit den noch vorhandenen alten Katalogen ist kein vollständiger Überblick mehr möglich, zuviel ging verloren, wurde vernichtet, ist verbrannt oder einfach verschwunden.

Einige der aufgeführten Hersteller haben ihre Zelluloidpuppen nicht selbst produziert, sondern bei der «Rheinischen Gummi- und Celluloidwarenfabrik» nach eigenen Modellen Rohlinge, meist Puppenköpfe, anfertigen lassen, sie weiterverarbeitet und damit ausgestattete Puppen neben selbst hergestellten Porzellan-, Metallkopf- oder Pappmachépuppen vertrieben. Eine ganze Reihe von Puppenköpfen und -teilen mit der Schildkrötmarke ging so an andere Firmen, ohne daß man die gewiß nicht geringe Anzahl dieser Weiterverarbeiter heute noch exakt nachweisen könnte, so daß bezüglich der Kennzeichnung ein Durcheinander entstand, das schwer zu ordnen ist.

Im nachfolgenden Bildteil werden die wichtigsten Firmennamen nebst kurzer Firmengeschichte, die dazugehörigen Markenzeichen, deren zeitlich bedingte Veränderungen und die entsprechenden Zelluloidpuppen, die nach Alter geordnet sind, vorgestellt und durch zahlreiche Abbildungen veranschaulicht.

Marktwert und Preisangabe

Sammeln kostet Geld, das weiß jeder Sammler aus eigener Erfahrung. Es bedeutet aber auch, Kapital anzulegen

Die Preise für Zelluloidpuppen sind in den letzten Jahren in die Höhe geklettert, da der Sammlerkreis größer wurde und durch die höhere Nachfrage das Angebot zwangsläufig nicht mehr so umfangreich war. Genauere Informationen zur Marktsituation kann man über die verschiedenen Auktionshäuser bekommen, die zu ihren Spielzeugauktionen Kataloge und anschließend Ergebnislisten herausgeben. Diese sind besonders aufschlußreich, denn hier werden einzelne Puppen erfaßt und im derzeitigen Kurswert festgelegt.

Entsprechend der gegenwärtigen Marktlage werden die im Buch abgebildeten Zelluloidpuppen verschiedenen einzeln aufgeführten Preisgruppen zugeordnet. Diese Angaben gelten nur für das jeweils abgebildete Puppenmodell und können nicht auf größenmäßig abweichende Varianten oder ähnliche Modelle angewandt werden. Auch setzen die Preisangaben einen guten bis sehr guten Erhaltungszustand der abgebildeten Zelluloidpuppen voraus (Ausnahmen sind eigens erwähnt).

Charakteristika für einen guten bis sehr guten Erhaltungszustand: Die Puppe ist im Originalzustand (eventuell mit Ersatzgliedern, die in Größe, Farbe und Marke identisch sind), vollständig, unbeschädigt (eventuell sachgemäß repariert), die Bemalung entsprechend dem Alter gut erhalten bis leicht abgespielt.

Mit einer Wertminderung bis weit über fünfzig Prozent des gegenwärtigen Marktwertes ist zu rechnen bei einem schlechten, gerade noch sammelwürdigen Erhaltungszustand einer Zelluloidpuppe.

Charakteristika für einen schlechten Erhaltungszustand: Die Puppe ist unvollständig, beschädigt, unsachgemäß repariert oder so stark abgespielt, daß die ganze Bemalung abgerieben ist. Oder: Die Puppe ist nicht im Originalzustand, sie wurde verfremdet, das heißt, fehlende oder beschädigte Teile wurden durch falsche ersetzt (Farbe, Größe, Marke oder alles zusammen stimmt nicht mit denjenigen der Puppe überein). Beispiel: Eine aus verschiedenen Einzelteilen zusammengestückelte Zelluloidpuppe, wie man sie leider sehr oft sieht, ist auch nur so viel wert wie ihre einzelnen Teile.

Preisgruppen

A	40 bis 60 DM	F	301 bis 450 DM
B	61 bis 100 DM	G	451 bis 600 DM
C	101 bis 150 DM	H	601 bis 800 DM
D	151 bis 200 DM	J	801 bis 1000 DM
E	201 bis 300 DM	K	1001 bis 2500 DM

Lp = Liebhaberpreis

Bei seltenen und gesuchten Puppen ist eine Preisangabe oft nicht möglich, weil die Marktlage keine Erfahrungswerte liefert. In diesen Fällen ist ein Liebhaberpreis anzunehmen, der als «Lp» bezeichnet ist. Diese Angabe muß jedoch nicht automatisch bedeuten, daß der Preis unbeschreiblich hoch ist; denn was nützt ein hoher Preis, wenn niemand bereit ist, ihn zu bezahlen!

Alt, Beck & Gottschalck

Porzellanfabrik, Nauendorf/Thüringen (1854–1930)

A. Hagedorn & Comp.

Celluloid- und Korkwarenfabrik, Osnabrück (1897–heute)

Die schon 1854 gegründete Firma Alt, Beck & Gottschalck produzierte selbst nur Porzellan-Puppen. Sie stellte neben Biskuitporzellanköpfen auch Ganzbiskuitpuppen mit modellierten Frisuren in verschiedenen Größen und Ausführungen her.

Einige dieser Jungen- und Mädchentypen mit den modellierten Haaren ließen Alt, Beck & und Gottschalck in den 20er Jahren bei der Firma Hagedorn in Osnabrück als Zelluloidversion anfertigen, nur mit dem A.B.&G.-Warenzeichen versehen, und von dieser Firma auch in deren Händlerkatalogen anbieten. Die Firma Hagedorn, die selbst Spielwaren aller Art aus Zelluloid herstellte und auch das Rohzelluloid selbst fertigte, gehörte zu einem der bedeutendsten Zelluloidproduzenten in Deutschland, verwendete aber nach eigenen Angaben zu dieser Zeit kein Markenzeichen für die eigenen Hagedorn-Produkte. Das Warenangebot erstreckte sich über Tischtennisbälle, Toiletteartikel, Fahrradgriffe, Schmuck usw. bis hin zu einem vielfältigen Spielwarensortiment. Neben Charakterbabys gab es u.a. zahlreiche Rasseln, Schwimmtiere, Stehaufs und kleine witzige Figuren mit bunter, modellierter Kleidung im Hagedorn-Programm.

Die meisten Zelluloidpuppen von Alt, Beck & Gottschalck, sowie von Hagedorn wurden für den amerikanischen Markt produziert und sind deshalb in Deutschland relativ selten.

Aus den 20er Jahren stammt die hier abgebildete Zelluloidpuppe mit dem Haarband, die Kopie einer Ganzbiskuitpuppe von Alt, Beck & Gottschalck. Charakteristisch sind die kunstvoll modellierten Haare mit dem Haarband und die abgespreizten Hände und Finger, wie sie auch bei den Porzellanpuppen derselben Marke vorkommen.

Alt, Beck & Gottschalck produzierte bis etwa 1930, Hagedorn stellte nach dem 2. Weltkrieg seine reichhaltige Spielzeugproduktion ein. Danach übernahm die Oldenburger Celluloidwarenfabrik (siehe S. 85), die von 1949–60 Zelluloidspielwaren produzierte, die ehemaligen Formen von Hagedorn teilweise in ihr eigenes Spielwaren-Programm mit auf. Gelegentlich kann man deshalb heute noch «fabrikneue» Kleinfiguren mit der A.B.&G.-Marke finden.

Die Firma Hadedorn stellt heute weiße und gelbe Tischtennis- und Bingobälle her, die mit einem kleinen Blümchen gemarkt sind. Das Rohzelluloid dafür wird aus China importiert.

Abbildung gegenüberliegende Seite: Um 1920 · Arme und Beine mit Scheibengelenken · feststehender Kopf · fein modellierte Haare mit grünem Haarband · modellierte Schuhe mit Schleife · modellierte Söckchen · gemalte, seitwärts blickende Augen · geschlossener Mund 20 cm · Preisgruppe · Körpermarke: Monogramm Alt, Beck & Gottschalck

Diese Puppe wurde nach 1949 noch von der Oldenburger Celluloidwarenfabrik weiterproduziert. Erkennungsmerkmale: Unkenntlich gemachtes A.B.&G.-Zeichen und *knallrote Schuhe!*

Um 1920/25 · Arme und Beine mit Scheibengelenken · feststehender Kopf · modellierte Haare · modellierte Schuhe und Söckchen · gemalte, seitwärts blickende Augen · geschlossener Mund · (Arme nicht original)
16 cm · Preisgruppe D · Körpermarke: Monogramm Alt, Beck & Gottschalck
Diese Puppe wurde nach 1949 noch von der Oldenburger Celluloidwarenfabrik weiterproduziert. Erkennungsmerkmale: Unkenntlich gemachtes A.B.&G.-Zeichen und *knallrote Schuhe!*

Um 1920
Mittlere Figur: Fein geprägtes Zelluloid · gemalte, seitwärts blickende Augen · 10 cm · Körpermarke: Alt, Beck & Gottschalck
Rechte und linke Figur: Zwei Stehaufpüppchen (Hagedorn – ungemarkt)
Preisgruppe A

Bayerische Celluloidwarenfabrik

Vormals Albert Wacker AG, Nürnberg
Zelluloidpuppen ca. 1910–1915

Die Bayerische Celluloidwarenfabrik, vormals Albert Wacker AG, arbeitete ab 1904 über zwanzig Jahre lang und stellte nach 1925 ihren Betrieb ein. Ihr Markenzeichen war ein dickes W im Kreis. Die Fabrik produzierte unter anderem ein kleines Sortiment von Puppen und Spielwaren. Es waren Ganzzelluloidpuppen mit mehr oder weniger modellierten Haaren und gemalten Augen. Es ist leider nicht bekannt, wie viele verschiedene Typen hergestellt wurden, sicher ist aber, daß Zelluloidpuppen dieser Herkunft heute selten zu finden sind.

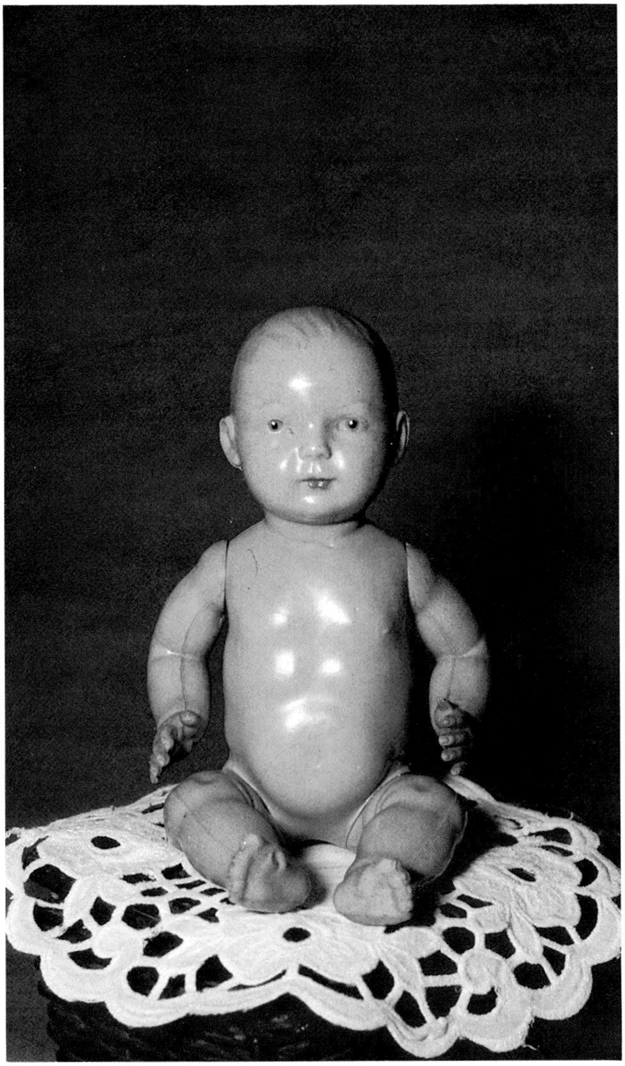

Um 1910/15 · Arme und Beine mit Scheibengelenken · Körper und Glieder schön ausmodelliert · festehender Kopf · leicht modellierte Haare · gemalte blaue Augen · geschlossener Mund
17,5 cm · Preisgruppe E

Körpermarke: W im Kreis
Germany
17½

Buschow & Beck – «Minerva»

Puppen- und Spielwarenfabrik
Reichenbach/Schlesien, später Nossen/Sachsen
Zelluloidpuppen 1900–1950

Zelluloidschulterköpfe, die nur vorne am Hals mit dem «Helm» und hinten mit «deponirt» gemarkt sind, wurden noch von der «Rheinischen» für Buschow & Beck hergestellt, und zwar vor 1903. Für Puppen nach 1903 aus der eigenen Produktion von Buschow & Beck gilt: «Helm» und die Bezeichnung «Germany» befinden sich untereinander hinten an Hals oder Körper der Puppe (bei Schulterköpfen: Helm vorne, «Germany» hinten). Bei späteren Puppen, nach 1930, ist der Schriftzug «Minerva» bogenförmig über oder unter dem Helm angeordnet.

Die Firma wurde 1890 von Wilhelm Buschow und Friedrich Beck in Reichenbach/Schlesien gegründet. Sie begann mit der Herstellung von unzerbrechlichen, leichten Puppenköpfen, die aus Metall gepreßt und dann emailliert wurden. Es gab zwei Sorten dieser Köpfe, solche mit gepreßten und gemalten Haaren und solche mit Perücken. Ab 1894 wurde das Warenzeichen «Minerva» für die Blechkopfpuppen benutzt, und 1896 verlegte die Firma ihre Produktionsstätte von Reichenbach nach Nossen/Sachsen, um näher bei der thüringischen Puppenindustrie zu sein. Die Firma meldete unter anderem folgende Patente an: Patent für einen Zelluloidüberzug an Metallkopfpuppen, wobei der Blechkopf in mit Aceton aufgelöstes Zelluloid getaucht wurde, das am Kopf haften blieb, trocknete und so einen festen Überzug bildete. Der Vorteil dabei war, daß das Blech vor zu schnellem Rosten bewahrt wurde. Patent für verschiedene Puppenköpfe aus Zelluloid und später, 1904, ein Patent für einen Kugelgelenkkörper aus Zelluloid. Sein Vorteil: Er war billig herzustellen, leicht zusammenzusetzen und haltbar.

Obwohl die Firma Buschow & Beck schon von Beginn an mit Zelluloid experimentierte, mußte sie ihre Zelluloidköpfe (nach eigenem Entwurf) und das Rohzelluloid zum Überziehen der Blechköpfe von der Rheinischen Gummi- und Celluloidwarenfabrik kaufen, da diese das absolute Monopol bei der Zelluloidproduktion in Deutschland besaß und keinen Konkurrenten zuließ. Doch Buschow & Beck experimentierte trotzdem weiter mit Zelluloid und hat Wesentliches zur Entwicklung der Zelluloidpuppe beigetragen. Es gelang der Firma dann ab 1903 trotz großer Schwierigkeiten mit der «Rheinischen», die ihr aus Protest schon vorher kein Zelluloid mehr geliefert hatte, Zelluloid nach eigenem Verfahren herzustellen.

Es wurden weiterhin Blechkopfpuppen mit Zelluloidüberzug hergestellt, dann auch Zelluloidköpfe mit gemalten Augen und geprägten Haaren und Ganzzelluloidpuppen in verschiedenen Ausführungen. Sehr auffallend und einzigartig sind dabei die vielen kleinen Puppenstubenpüppchen, die es in allen Variationen und mit aufwendigen, bis ins kleinste Detail gehenden Modellierungen gab.

1927 verkaufte Buschow & Beck das «Original Trinkbebi», hergestellt von der Hermsdorfer Celluloidwarenfabrik (DADA). Es ist daher anzunehmen, daß diese Firma von Buschow & Beck übernommen wurde. Buschow & Beck selbst hat noch bis etwa 1950 Zelluloidpuppen produziert.

Die auf Seite 27 abgebildete seltene und sehr gut erhaltene «Minerva»-Puppe aus der Zeit um die Jahrhundertwende ist auf Seite 28 näher beschrieben.

BUSCHOW & BECK

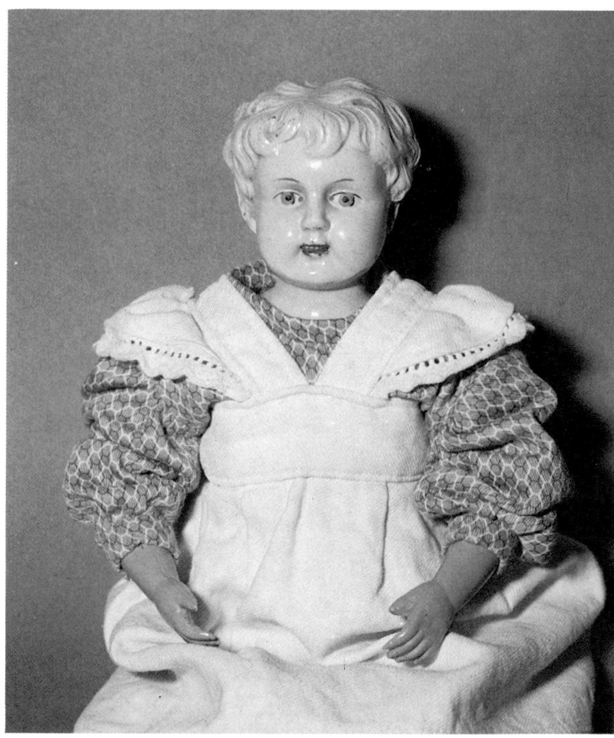

Um 1900 · Lederkörper · Kniegelenke mit Zwickel · Unterarme aus Zelluloid mit Ellbogengelenk · Zelluloidschulterkopf mit modellierten Haaren · gemalte blaue Augen · offener Mund mit Zelluloidzähnchen
28 cm · Preisgruppe J

Halsmarke vorne: Helm

hinten: Deponirt
2

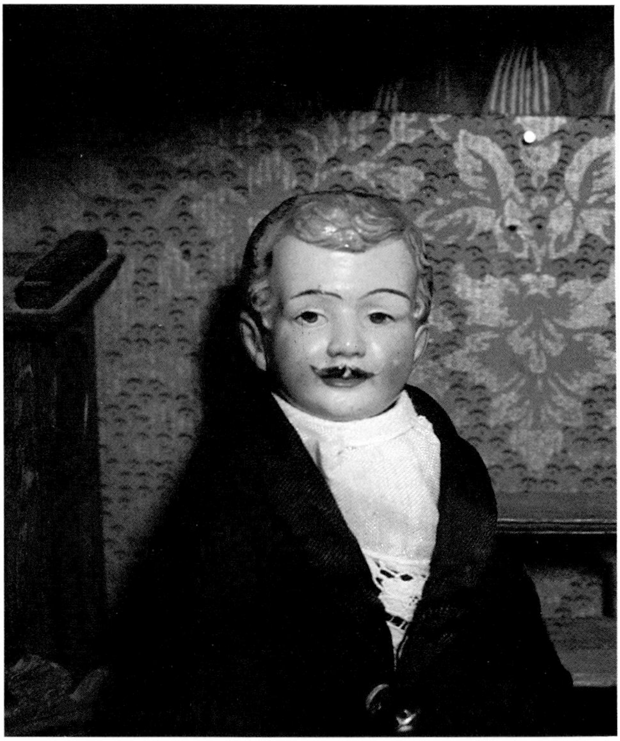

Um 1910 · Stoffkörper · Kniegelenke mit Zwickel · Zelluloidschulterkopf mit modellierten Haaren und modelliertem Bart · geprägte braune Augen · geschlossener Mund
25 cm · Preisgruppe F

Halsmarke vorne:	Helm
hinten:	Germany 0

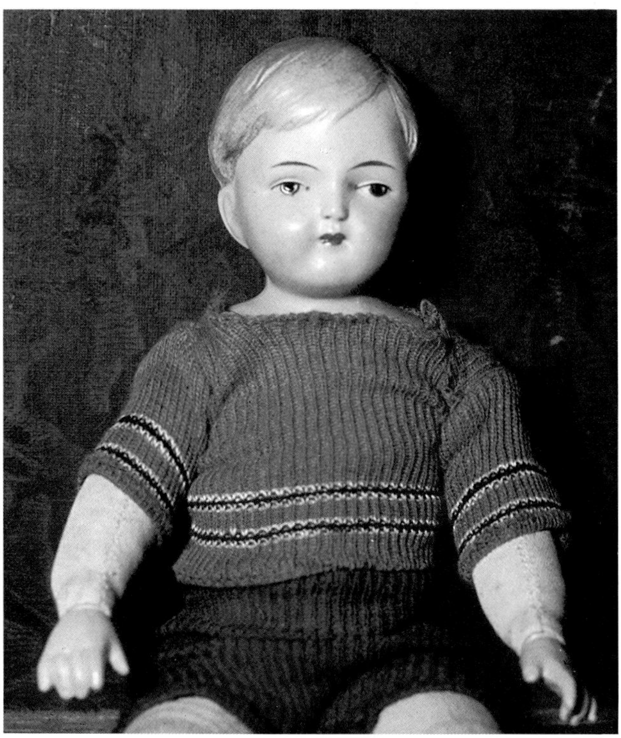

Um 1910 · Stoffkörper · Zelluloidhände · Zelluloidschulterkopf mit modellierten Haaren · geprägte braune Augen · geschlossener Mund
30 cm · Preisgruppe F

Halsmarke vorne:	Helm
hinten:	Germany

Um 1910/20 · Lederkörper · Unterarme aus Composition · Zelluloidschulterkopf mit fein modellierten Haaren · geprägte blaue Augen · geschlossener Mund
50 cm · Preisgruppe H

Halsmarke vorne: Helm
hinten: GERMANY

Um 1910/20 · Lederkörper · Unterarme aus Zelluloid · Zelluloidschulterkopf mit fein modellierter Frisur · geprägte blaue Augen · geschlossener Mund
40 cm · Preisgruppe H

Halsmarke vorne: Helm
hinten: Germany

Seite 31: Um 1910/20 · Ganz aus Zelluloid · Arme und Beine beweglich auf Scheibengelenken · feststehender Kopf mit geprägten Locken · gemalte blaue Augen · geschlossener Mund · geprägte Strümpfe und Schuhe
18 cm · Preisgruppe F

Körpermarke: Helm
GERMANY
18

Sitzbaby um 1910/20 · Arme und Beine mit Scheibengelenken · feststehender Kopf · fein modellierte Haare · geprägte blaue Augen · offen-geschlossener Mund · Körper und Glieder sehr schön ausmodelliert
25 cm · Preisgruppe F

Körpermarke: Helm
GERMANY
25

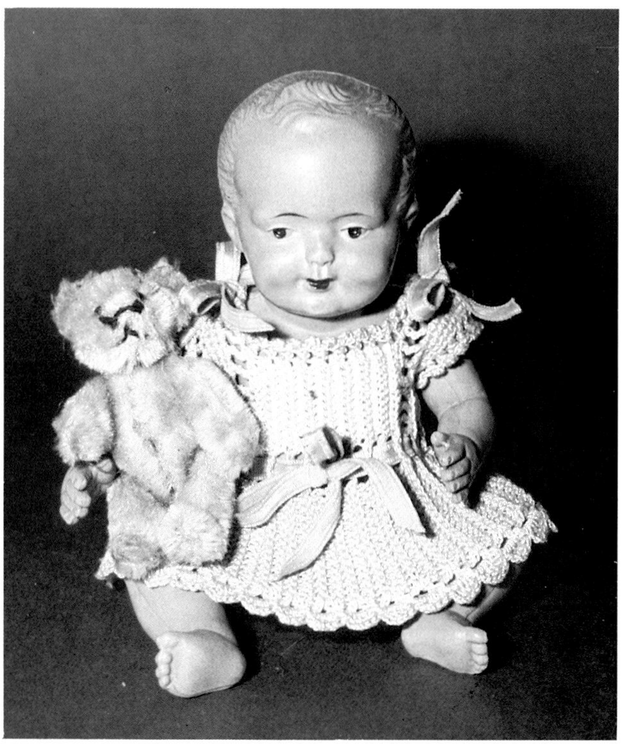

Sitzbaby um 1910/20 · Arme und Beine mit Scheibengelenken · feststehender Kopf · sehr fein modellierte Haare · geprägte braune Augen · geschlossener Mund · sehr fein modellierter Körper
Derselbe Puppentyp wurde auch mit offen-geschlossenem Mund und geprägten Zähnchen und mit Kurbelkopf als Stehbaby, Größe 40 cm, hergestellt.
16,5 cm · Preisgruppe E

Körpermarke: Helm
16½
GERMANY

Seite 33: Um 1915 (mit Zelluloidhund) · Ganz aus Zelluloid · Arme und Beine beweglich auf Scheibengelenken · feststehender Kopf mit Mohairperücke · gemalte blaue Augen · modellierte Schuhe und Söckchen
18 cm · Preisgruppe E

Körpermarke: Helm
GERMANY
18

Püppchen um 1910/20

Links: Arme und Beine mit Scheibengelenken · feststehender Kopf · aufwendig modellierte Haare · modellierte Schuhe und Söckchen · gemalte braune Augen · geschlossener Mund
13 cm · Preisgruppe D

Körpermarke: Helm
13
GERMANY

Rechts: Arme und Beine mit Scheibengelenken · feststehender Kopf · modellierte Schuhe und Söckchen · gemalte blaue Augen · geschlossener Mund · Kleidung original
11 cm · Preisgruppe D

Körpermarke: Helm
GERMANY
11

Hinten: Arme und Beine mit Scheibengelenken · feststehender Kopf · Mohairperücke · gemalte braune Augen · modellierte Schuhe und Söckchen
13 cm · Preisgruppe C

Körpermarke: Helm
13
GERMANY

Steh- und Sitzpüppchen um 1910/20

Links: Junge · nur Arme beweglich · modellierte Haare · gemalte blaue Augen · geschlossener Mund
10,5 cm · Preisgruppe C

Körpermarke: Helm
10½
GERMANY

Rechts: Mädchen · nur Arme beweglich · modellierte Haare mit Haarband · gemalte blaue Augen · geschlossener Mund
8 cm · Preisgruppe B

Körpermarke: Helm
8
GERMANY

Mitte: Sitzbaby · unbeweglich · modellierte Haare · gemalte braune Augen · geschlossener Mund
6 cm · Preisgruppe A

Körpermarke: Helm
6
GERMANY

Puppenstubenpüppchen um 1910/20

Ganz aus Zelluloid · Arme (immer) und Beine (meistens) beweglich · feststehender Kopf · modellierte Haare und Haarband oder Orginal-Mohairperücken · teilweise Originalkleidung · modellierte Schuhe und Söckchen · gemalte Augen · geschlossener Mund
6–9 cm · Preisgruppe A

Körpermarken: Helm
Größe
GERMANY

Seite 36 und 37:
Gruppen aus diesen Püppchen

Sago
Nudeln
Für jede Küche
Würfel

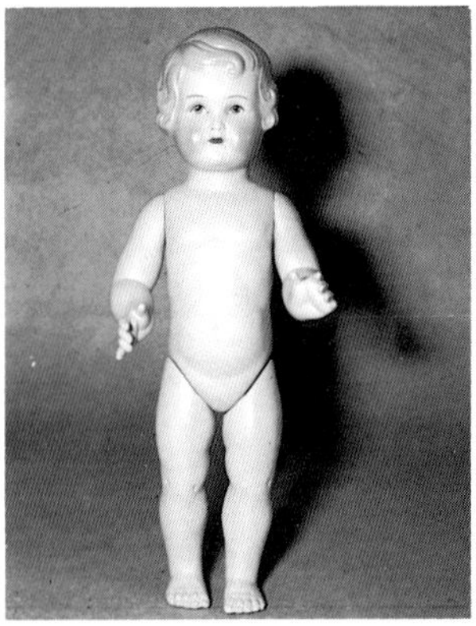

Um 1925/30 · Arme und Beine mit Scheibengelenken · feststehender Kopf · modellierte blonde Haare · geprägte blaue Augen · geschlossener Mund
30 cm · Preisgruppe E

Körpermarke: Helm
30
GERMANY

Um 1925 · Junge · Stoffkörper mit beweglichen Beinen (Scheibengelenke) · Zelluloidarme · Zelluloidkurbelkopf · modellierte braune Haare · modellierte Augenbrauen · geprägte blaue Augen · zweifarbig gemalter Mund
30 cm · Preisgruppe F

Halsmarke: Helm
GERMANY
No 4
30

Negerpuppe um 1920/30 · Arme und Beine mit Scheibengelenken · feststehender Kopf · leicht modellierte schwarze Haare · geprägte braune Augen · geschlossener Mund
20 cm · Preisgruppe D/E

Körpermarke: Helm
18/20
GERMANY

Um 1930/35 · Junge · Soffkörper · Arme und Beine mit Scheibengelenken · Zelluloidkurbelkopf · modellierte Haare · geprägte braune Augen · offen-geschlossener Mund
42 cm · Preisgruppe F

Halsmarke: Helm
No 7
42
Germany

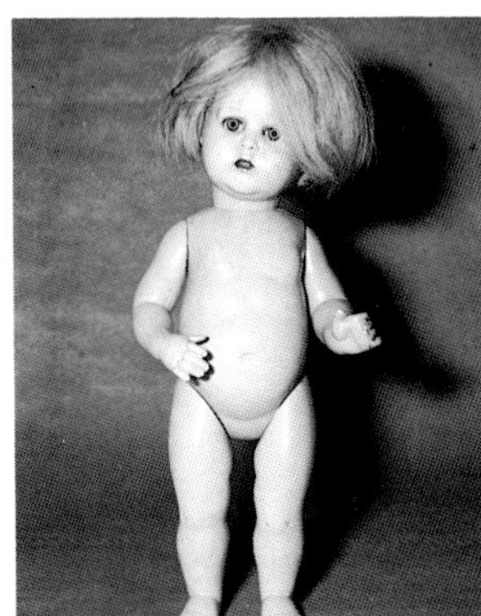

Um 1935 · Mädchen · Arme und Beine mit Scheibengelenken · Zelluloidkurbelkopf · blonde Echthaarperücke · blaue Schlafaugen mit Wimpern · offener Mund mit Zelluloidzähnchen
32 cm · Preisgruppe F

Halsmarke:	Körpermarke:
Helm No 4 30	Helm 30 Germany 32

Links: Junge um 1940· Arme und Beine mit Scheibengelenken · Kurbelkopf · modellierte braune Haare · geprägte blaue Augen · offen-geschlossener Mund · gemalte Zähnchen
37 cm · Preisgruppe F

Halsmarke: Helm
No 5
36
Germany

Körpermarke: Helm
Minerva
Germany
37

Rechts: Mädchen um 1935 · Stoffkörper · Stoffbeine mit Scheibengelenken · Zelluloidarme · Zelluloidkurbelkopf · modellierte blonde Haare · geprägte blaue Augen · offen-geschlossener Mund mit modellierten Zähnchen
36 cm · Preisgruppe E

Halsmarke: Helm
No 5
Germany
36

Bei der Mädchenpuppe auffallend gut modellierte Haarfrisur, auch hinten!

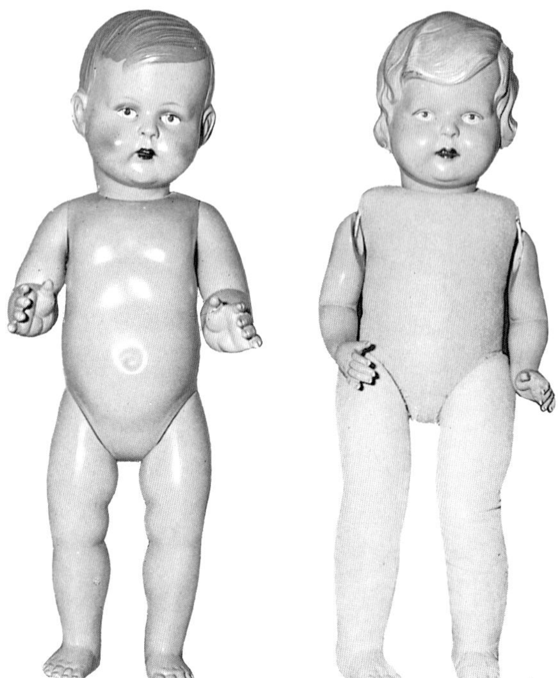

Um 1935 · Arme und Beine mit Scheibengelenken · feststehender Kopf · modellierte blonde Haare · geprägte blaue Augen · offen-geschlossener Mund mit gemalten Zähnchen · gemalte Schuhe und Söckchen
18 cm · Preisgruppe D

Körpermarke: Minerva
Helm
Germany
18/20

Um 1935 · Arme und Beine mit Scheibengelenken · Kurbelkopf · modellierte rötliche Haare · geprägte braune Augen · geschlossener Mund · (Körper nicht original)
30 cm · Preisgruppe D

Halsmarke: Helm
Germany
4

Seite 41: Um 1935/40 · Arme und Beine mit Scheibengelenken · Kurbelkopf · modellierte weißblonde Haare · feststehende blaue Glasaugen mit Wimpern · geschlossener Mund
37 cm · Preisgruppe E

Halsmarke: Helm
No 5
37
Germany

Körpermarke: Helm
Minerva
Germany
37

Um 1935/40 · Arme und Beine mit Scheibengelenken · feststehender Kopf · sehr schön modellierte Frisur · geprägte blaue Augen · geschlossener Mund
25 cm · Preisgruppe F

Körpermarke: Helm
Minerva
Germany
25

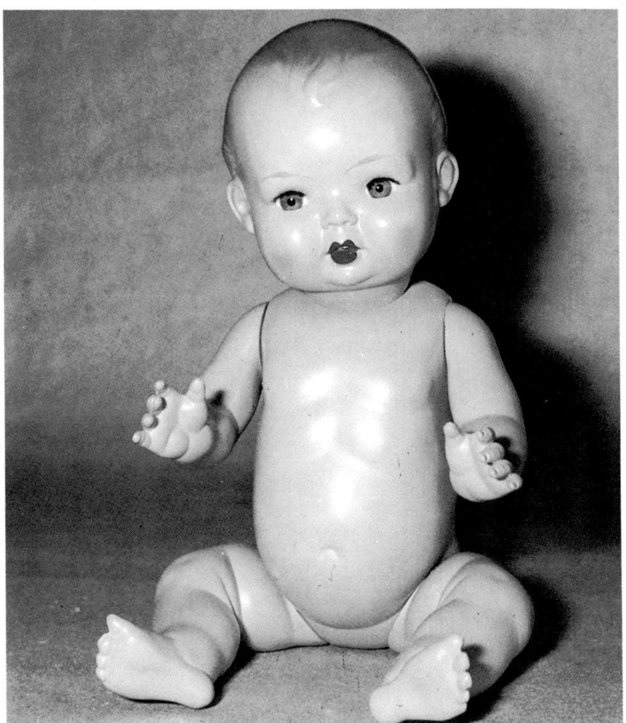

Babypuppe um 1940/50 · Arme und Beine mit Scheibengelenken · Kurbelkopf · leicht modellierte rötliche Haare · blaue Schlafaugen mit Wimpern · offener Mund mit Zähnchen
Diesen Puppentyp gab es als Steh- und Sitzbaby, mit feststehendem Kopf oder Kurbelkopf und in vielen verschiedenen Größen (siehe S. 44 und 45).
36 cm · Preisgruppe F

Hals- u. Körpermarke: Minerva
Helm
36

Seite 44 und 45: Doppelseite aus einem «Minerva»-Händlerkatalog mit Bestellnummern und Größenangaben.

3860½ A/32 | 3761 Sch/47 | 3861 W/37

3740/23½ | 3740/20 | 3740/18 | 3760½ A/30

7520/18 | 7637/22½ | 7524 AW/36 | 7526/20 | 7630/20

/30 3861 Sch/48 3840/22½ 3760½/36 3840/20 3860/32 3840/25

7521/23½ 7631/25½ 7522 AW/30 7634 Sch/48

Cellba

Celluloidwarenfabrik Babenhausen – Schutzmarke «Nixe»
Zelluloidpuppen 1925–1960

Altes Zeichen bis 1935

Zeichen nach 1935

Cellba-Anzeige in einem Spielzeugkatalog von 1956 zur 7. deutschen Spielwarenfachmesse in Nürnberg

Die Firma Cellba wurde im Jahre 1925 von den Herren Schöberl und Becker gegründet und hieß ursprünglich Firma Schöberl & Becker. Becker kam von der «Rheinischen» aus Mannheim, wo er als Modelleur gearbeitet hatte, trennte sich aber später wieder von der Firma. Sein Nachfolger wurde ein Modelleur namens Gannsle. Dessen Tochter Sonja, die während des Zweiten Weltkriegs mit sechzehn Jahren bei einem Luftangriff ums Leben kam, stand Modell für viele Puppentypen.

Von Produktionsbeginn an wurden Zelluloidpuppen in verschiedenen Ausführungen selbst hergestellt, in den Jahren 1929–31 besonders viel in Heimarbeit, bei der Firma selbst lagen nur Produktion und Montage. Die Heimarbeit wurde vorwiegend von Frauen ausgeführt, den sogenannten Cellba-Mädels. Die Firma stand in hartem Konkurrenzkampf mit der Rheinischen Gummi- und Celluloidwarenfabrik, die vor allem nach 1930 sehr ähnliche Puppenmodelle herstellte.

Die Puppenproduktion der Firma Cellba begann mit Zelluloidschulterköpfen mit geprägten Haaren, gemalten oder Glasaugen. Etwas später entstanden dann die Ganzzelluloidpuppen mit feststehendem Kopf oder Kurbelkopf und beweglichen Gliedern. Auffallend und einmalig sind die verschiedenen Neger- und Mulattenpuppen aus Zelluloid, deren Herstellung nach 1933 verboten wurde, und die lustigen Googlie-Puppen mit dem expressiven Blick. 1935 entstanden die Gretchenpuppen und 1936 die Olympiapuppen anläßlich der Olympiade in Berlin. 1939 wurde die Herstellung wegen Kriegsproduktion eingeschränkt, 1944 wurde das Hauptgebäude zerbombt und erst nach dem Krieg wieder aufgebaut. Die Firma Cellba erwarb unter anderem Patente für verschiedene Verbindungen von Puppengliedern aus Zelluloid sowie für diverse Puppenkopftypen aus Zelluloid mit Glasaugen und gemalten Augen.

Das Markenzeichen von Cellba war die «Nixe». Dieses Zeichen hat sich im Laufe der Produktionsjahre verändert, und dadurch ist es heute möglich, die Zelluloidpuppen Marke «Nixe» ganz grob in zwei Altersgruppen einzuordnen:

- Erste Altersgruppe, 1925–1935: Vor 1935 wirken die Arme der Meerjungfrau wie die Schwingen eines Vogels, die einzelnen Federn sind deutlich zu erkennen.
- Zweite Altersgruppe, nach 1935: Nach 1935 wurde die Form der Nixe vereinfacht – die Arme wirken jetzt wie Flügel, die ähnlich einer Krone umrandet sind.

Die Celluloidwarenfabrik Babenhausen produzierte bis nach 1955. In den letzten Jahren entstanden aber nur noch Puppen aus den zelluloidähnlichen Kunststoffen Cellidor und Tortulon.

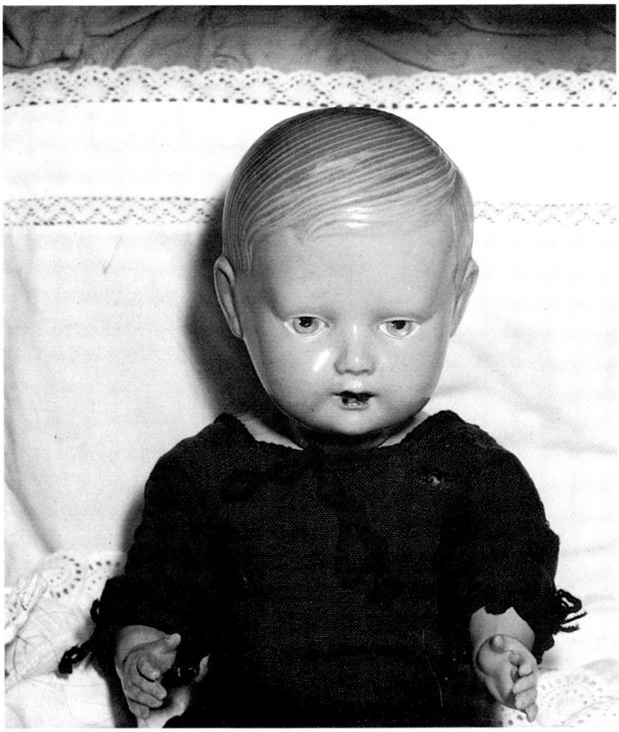

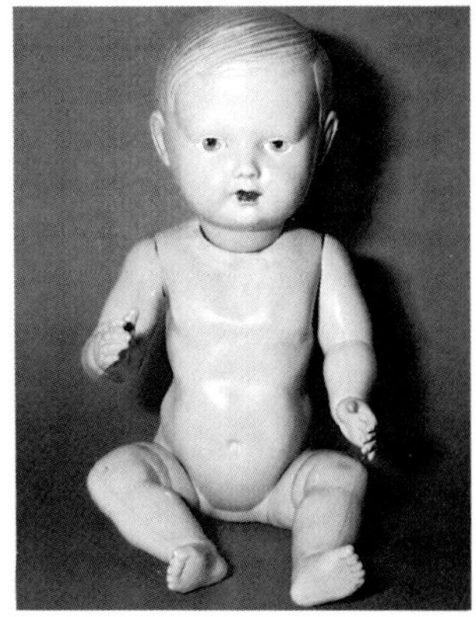

Um 1928 · Babykörper · Arme und Beine mit Scheibengelenken · Kurbelkopf · modellierte bräunliche Haare · geprägte blaue Augen · offen-geschlossener Mund
31 cm · Preisgruppe F

Halsmarke:	29
Körpermarke:	D.R.P.a Germany Nixe (alt) 29 31

Puppen um 1928

Links dieselbe Puppe wie oben.
Rechts: Negerversion dieser Puppe · braunes Zelluloid · modellierte schwarze Haare · geprägte braune Augen
31 cm · Preisgruppe F

Halsmarke:	29
Körpermarke:	D.R.P.a. Germany Nixe (alt) 29 31

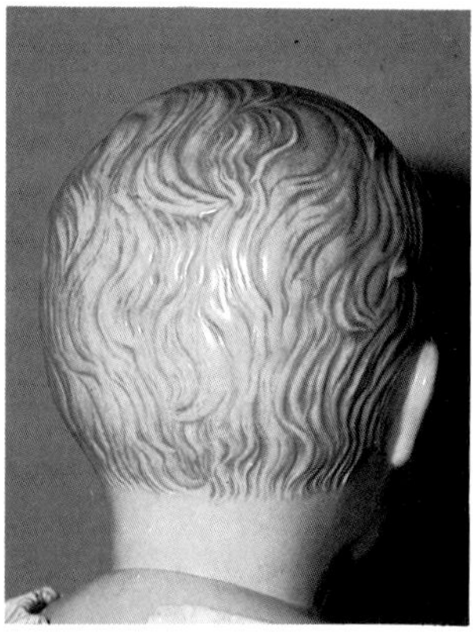

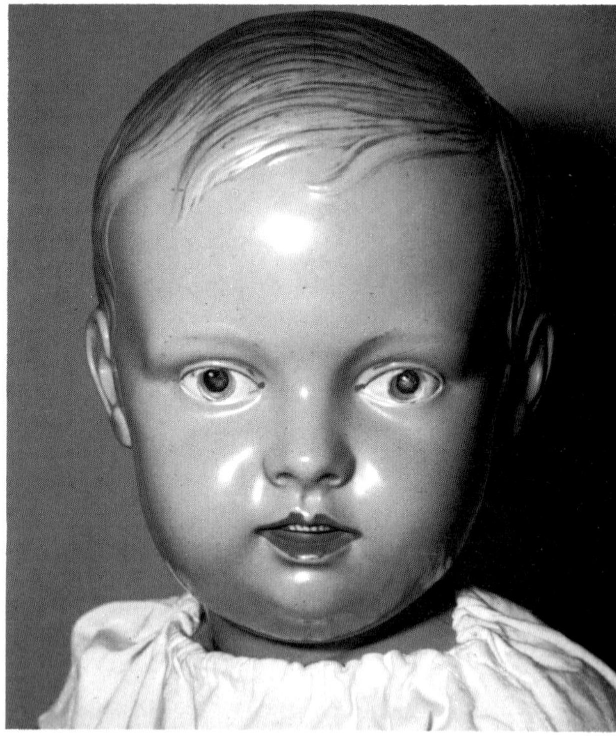

Sitzbaby um 1928/30 · Arme und Beine mit Scheibengelenken · sehr schön modelliert · Kurbelkopf · modellierte rötliche Haare · geprägte blaue Augen · offener Mund mit modellierter Zunge und sechs Zähnchen
50 cm · Preisgruppe G

Körpermarke: D.R.P. Germany Nixe (alt) 50

Sitzbaby um 1928/30 · Arme und Beine mit Scheibengelenken (rechter Arm nicht original) · Kurbelkopf · modellierte helle Haare · geprägte blaue Augen · geschlossener Mund
26 cm · Preisgruppe E

Halsmarke: 24

Körpermarke: D.R.P. Germany Nixe (alt) 24 26

Seite 49: Googlie-Puppe um 1930/35 · Kopf und Beine feststehend · gedrungener, grotesker Körper mit übergroßen Füßen · bewegliche Arme mit «Seesternhänden» · modellierte Haare · geprägte, seitwärts blickende blaue Augen · geschlossener Mund
17,5 cm · Preisgruppe E

Körpermarke: D.R.P. Germany Nixe (alt) 17½

CELLBA

Googlie-Puppe um 1930/35 · Kopf, Körper und Beine an einem Stück, unbeweglich · bewegliche Arme mit «Seesternhändchen» · modellierte Schuhe und Söckchen · modellierte Haare · gemalte, seitwärts blickende blaue Augen · geschlossener Mund
18 cm · Preisgruppe E

Körpermarke: 18
Germany
D.R.P.
Nixe (alt)

Unten rechts: Um 1925 · Lederkörper · Kniegelenke mit Zwickel · Unterarme aus Zelluloid mit Ellbogengelenk · Zelluloidschulterkopf · modellierte rötlichbraune Haare · feststehende blaue Glasaugen · geschlossener Mund
55 cm · Preisgruppe H

Halsmarke: Nixe (alt)
119/16
Germany

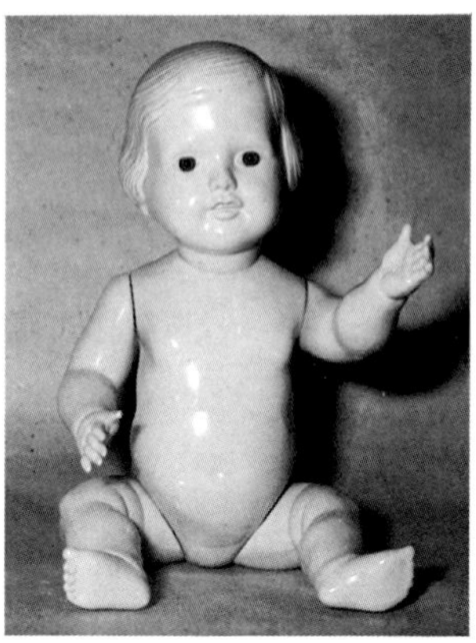

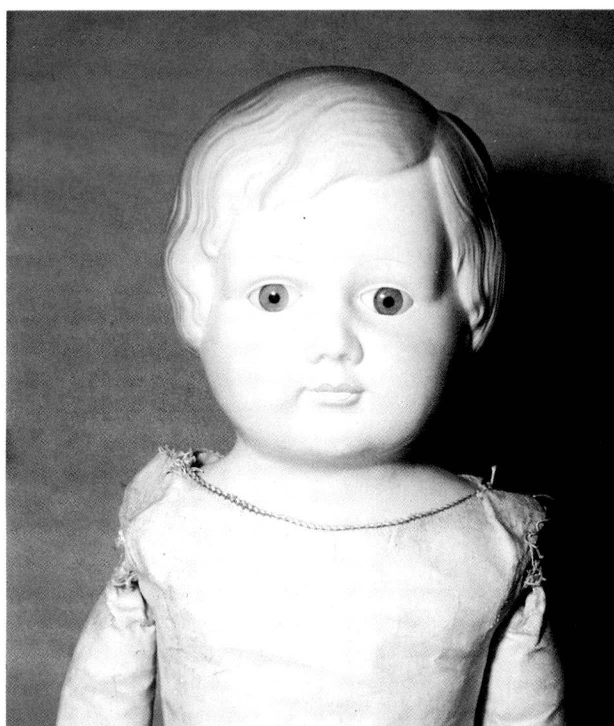

Um 1927/30 · Krumme Beine · Scheibengelenke · Kurbelkopf · modellierte Haare · feststehende blaue Glasaugen · offen-geschlossener Mund
36 cm · Preisgruppe F

Halsmarke: 34
36

Körpermarke: D.R.P.
Nixe (alt)
Germany
34
36

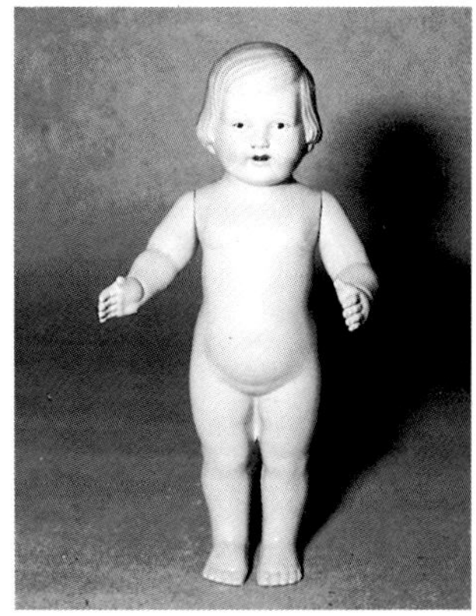

Stehpuppe um 1926 · Kopf, Körper und Beine an einem Stück · Arme beweglich · modellierte Haare · geprägte blaue Augen · geschlossener Mund
20 cm · Preisgruppe E

Körpermarke: Nixe (alt)
D.R.P.
Germany
20

Hochzeitspaar aus zwei der oben beschriebenen Stehuppen

Puppen um 1930/35

Links: Junge · feststehender Kopf · Arme und Beine mit Scheibengelenken · modellierte Haare · geprägte blaue Augen · offen-geschlossener Mund mit aufgemalten Zähnchen
26,5 cm · Preisgruppe E

Körpermarke: D.R.P.
Nixe (alt)
Germany
26½

Rechts: Mädchen in gleicher Ausführung · 24 cm · Preisgruppe E

Körpermarke: Nixe (alt)
22½
24

Negerpuppen 1930 · Babykörper aus braunem Zelluloid · Arme und Beine mit Scheibengelenken · feststehender Kopf · modellierte schwarze Haare · geprägte braune Augen · offen-geschlossener Mund mit aufgemalten Zähnchen · durchstochene Ohrläppchen · Preisgruppe D

Linke Puppe 20 cm

Körpermarke: Nixe (alt) / D.R.P.a. / Germany / 18 / 20

Rechte Puppe 15 cm

Körpermarke: D.R.P. / Nixe (alt) / Germany / 15

Unten: Negerpuppe um 1928/30 · Braunes Zelluloid · Arme und Beine mit Scheibengelenken · Kurbelkopf · modellierte schwarze Haare · geprägte braune Augen · offen-geschlossener Mund · durchstochene Ohrläppchen mit Ohrringen

Auffallend sind die langgezogenen, schalenförmigen Scheibengelenke an den Beinen. Sie bewirken, daß die Puppe besser steht und daß die Beine beim Sitzen nicht so weit auseinandergehen. (Minerva verwendete diese Art der Beinanbringung ebenfalls – hauptsächlich bei kleinen Püppchen.)

24 cm · Preisgruppe E

Halsmarke: 24

Körpermarke: D.R.P. / Germany / Nixe (alt) / 24

Seite 53: Puppen um 1930/35

Vorne: Babypuppe mit plattem Po · feststehender Kopf · Arme und Beine beweglich · große, geprägte blaue Augen · offen-geschlossener Mund

11 cm · Preisgruppe B

Körpermarke: Nixe (alt) / D.R.P. / Germany / 11

Hinten: Junge · feststehender Kopf · Arme und Beine beweglich · modellierte Haare · geprägte blaue Augen · geschlossener Mund

19,5 cm · Preisgruppe D

Körpermarke: Nixe (alt) / 19½

Püppchen 1930/35 · Arme und Beine beweglich · feststehender Kopf · modellierte Haare · teilweise modellierte Schuhe und Söckchen · gemalte Augen · geschlossener Mund
14–18 cm · Preisgruppe B/C

Körpermarken: Nixe (alt)
D.R.P.
Germany
Größe

Seite 55 oben: Puppenstubenpüppchen 1930/35 · Arme und Beine beweglich · feststehender Kopf · modellierte Haare oder Mohairperücke · teilweise modellierte Schuhe und Söckchen · gemalte Augen · geschlossener Mund
6–9 cm · Preisgruppe A

Körpermarken: Nixe (alt)
D.R.P.
Germany
Größe

Seite 55 unten: «Der Geißen-Peter», Püppchen um 1930/35 · Arme und Beine beweglich auf Scheibengelenken · feststehender Kopf · leicht modellierte Haare · gemalte blaue Augen · geschlossener Mund · gemalte Strümpfe und Schuhe · Kleidung original
12 cm · Preisgruppe C

Körpermarke: Nixe (alt)
11½
12

Vier verschiedene Puppenstuben-Babypüppchen um 1930/35 · Arme und Beine beweglich · feststehender Kopf · leicht modellierte Haare · gemalte Augen
6–11 cm · Preisgruppe A

Körpermarken: Nixe (alt)
D.R.P.
Germany
Größe

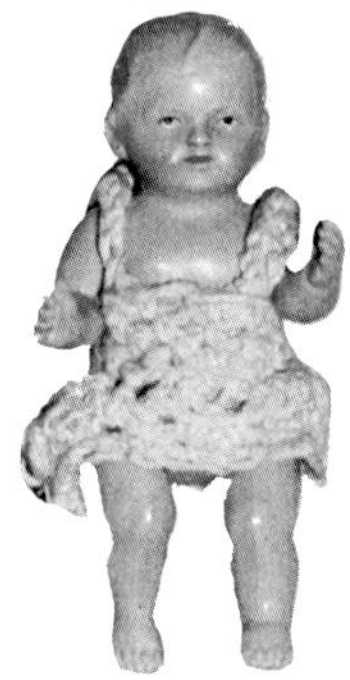
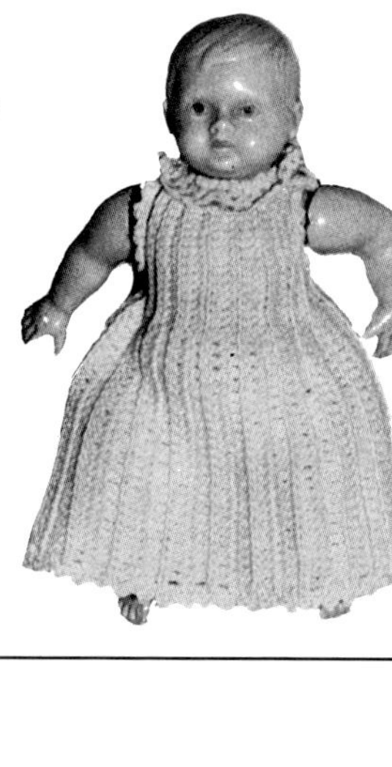

1200

Gretchen-Puppen um 1935

Arme und Beine mit Scheibengelenken · Kurbelkopf · modellierte rötliche Haare · feststehende blaue Glasaugen · geschlossener Mund
40 cm · Preisgruppe G

Hals- u. Körpermarke: Nixe
40

Unten: «Gretchen» um 1935 · Arme und Beine mit Scheibengelenken · feststehender Kopf · modellierte rötliche Haare · gemalte blaue Augen · geschlossener Mund · besonders schön modellierte Gretchenfrisur
29 cm · Preisgruppe F

Körpermarke: Nixe
29

Seite 57: Kurbelkopf · modellierte rötlichbraune Gretchen-Frisur · braune Glasaugen · geschlossener Mund
42 cm · Preisgruppe G

Halsmarke: 42
40

Körpermarke: Nixe
42

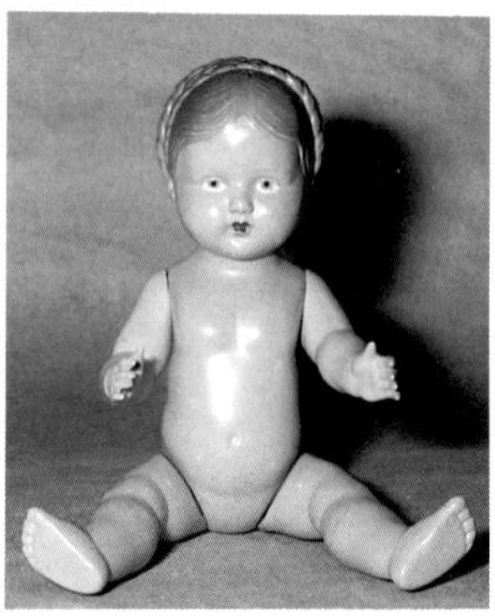

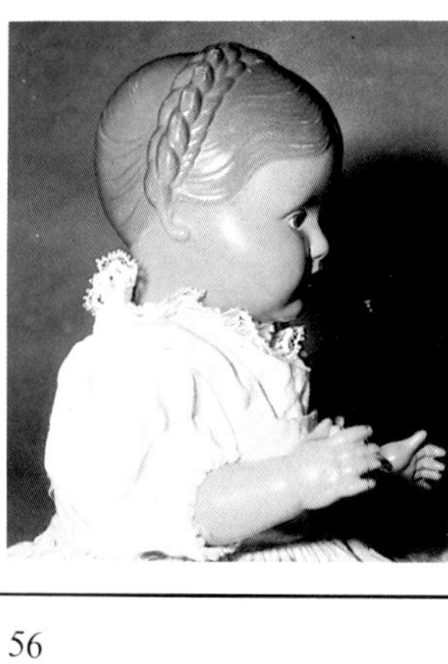

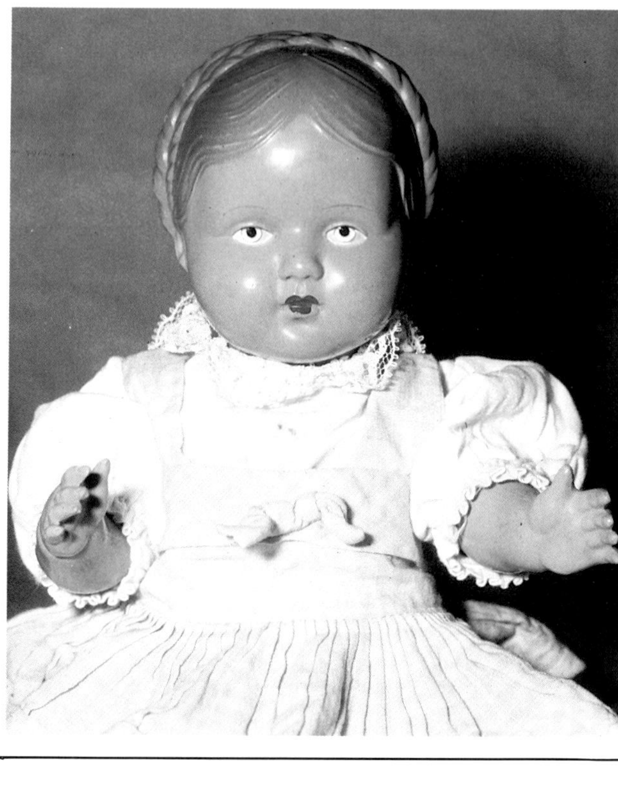

Negerpuppen um 1948/50

Links: Braunes Zelluloid · Scheibengelenke · gerade Beine · Zelluloidkurbelkopf mit schwarzer Mohairperücke · geprägte braune Augen · geschlossener Mund
36 cm · Preisgruppe F

Halsmarke: 34

Körpermarke: Nixe 35/36

Rechts: Braunes Zelluloid · Scheibengelenke · krumme Beine · feststehender Kopf · geprägte braune Augen · durchstochene Ohrläppchen · offen-geschlossener Mund
24,5 cm · Preisgruppe D

Körpermarke: Nixe 24½

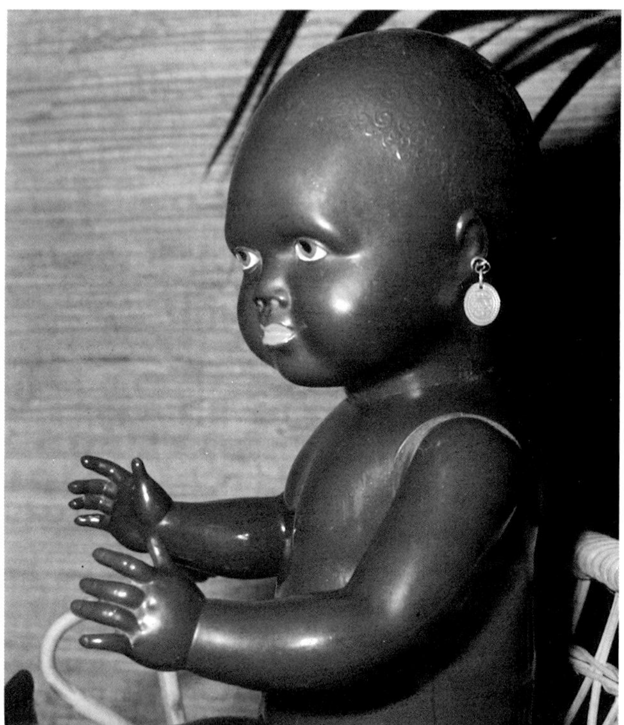

Negerpuppe um 1948/50 · Braunes Zelluloid · Scheibengelenke · gerade Beine · Kurbelkopf · modellierte Kraushaare · geprägte braune Augen · geschlossener Mund · durchstochene Ohrläppchen · ausgesprochen rassiges Negergesicht
36 cm · Preisgruppe F

Halsmarke: 34

Körpermarke: Nixe 35/36

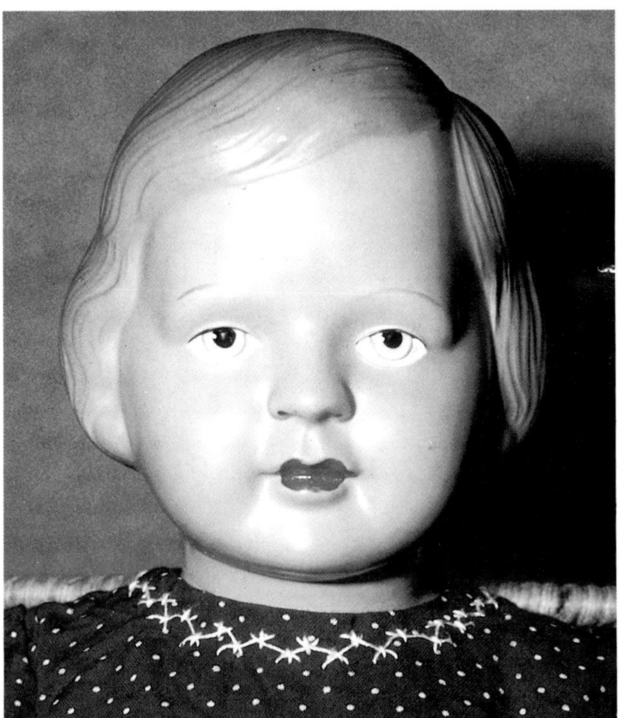

Puppen um 1935/40

Links: Junge · Arme und Beine mit Scheibengelenken · feststehender Kopf · modellierte helle Haare · geprägte graublaue Augen · geschlossener Mund
34 cm · Preisgruppe E

Körpermarke: Nixe
34

Rechts: Mädchen · Arme und Beine mit Scheibengelenken · feststehender Kopf · modellierte helle Haare · feststehende blaue Glasaugen · geschlossener Mund
31,5 cm · Preisgruppe E

Körpermarke: Nixe
31½

Um 1940/50 · Arme und Beine mit Scheibengelenken · feststehender Kopf · modellierte rötlichbraune Haare · geprägte blaue Augen · geschlossener Mund
46 cm · Preisgruppe E

Körpermarke: Nixe
46

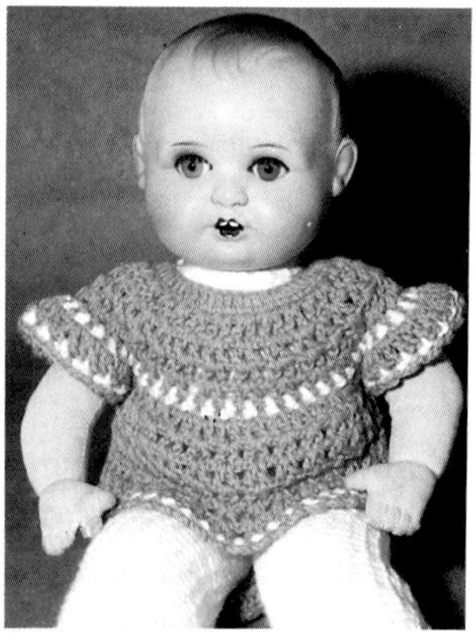

Babypuppe um 1950/55 · Stoffkörper · Stoffarme und -beine abgenäht · Ringhalskopf aus Zelluloid · leicht modellierte rötliche Haare · blaue Schlafaugen mit Wimpern · offener Mund mit Zelluloidzähnchen
30 cm · Preisgruppe E

Halsmarke: Nixe
25

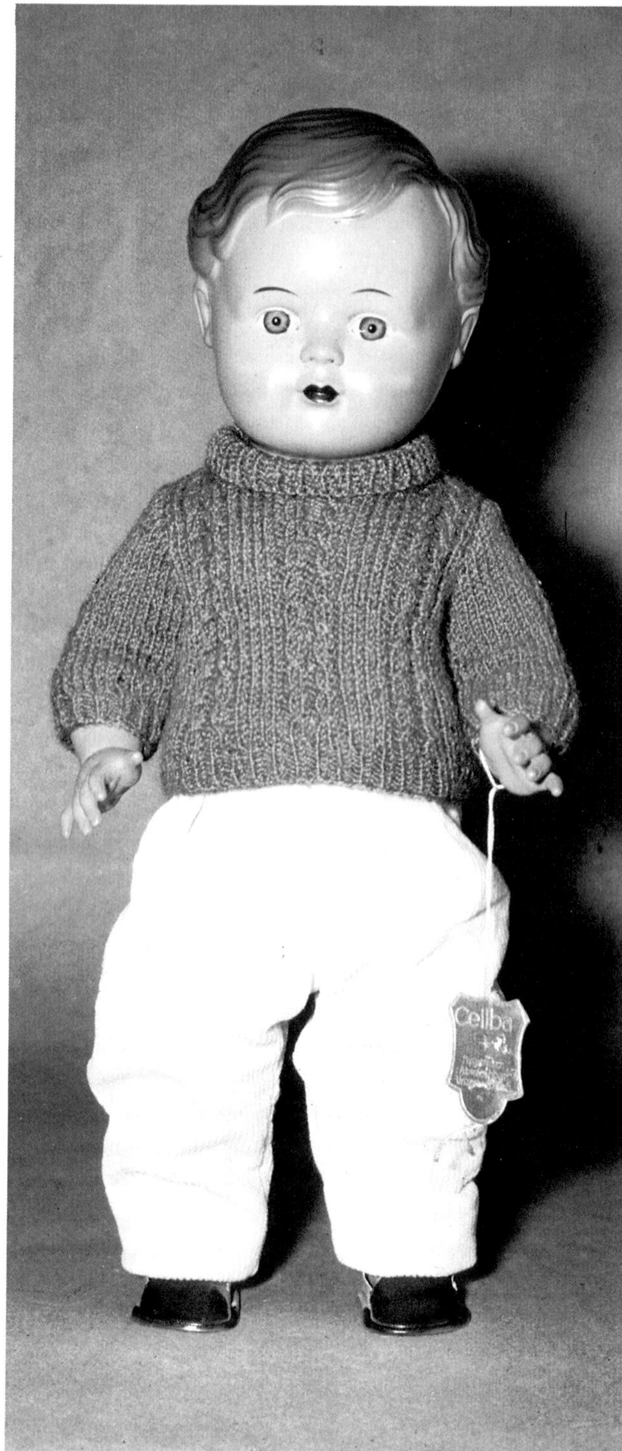

Um 1935/40 · Arme und Beine mit Scheibengelenken · feststehender Kopf · modellierte helle Haare · feststehende blaue Glasaugen · geschlossener Mund
31,5 cm · Preisgruppe E

Körpermarke: Nixe
31½

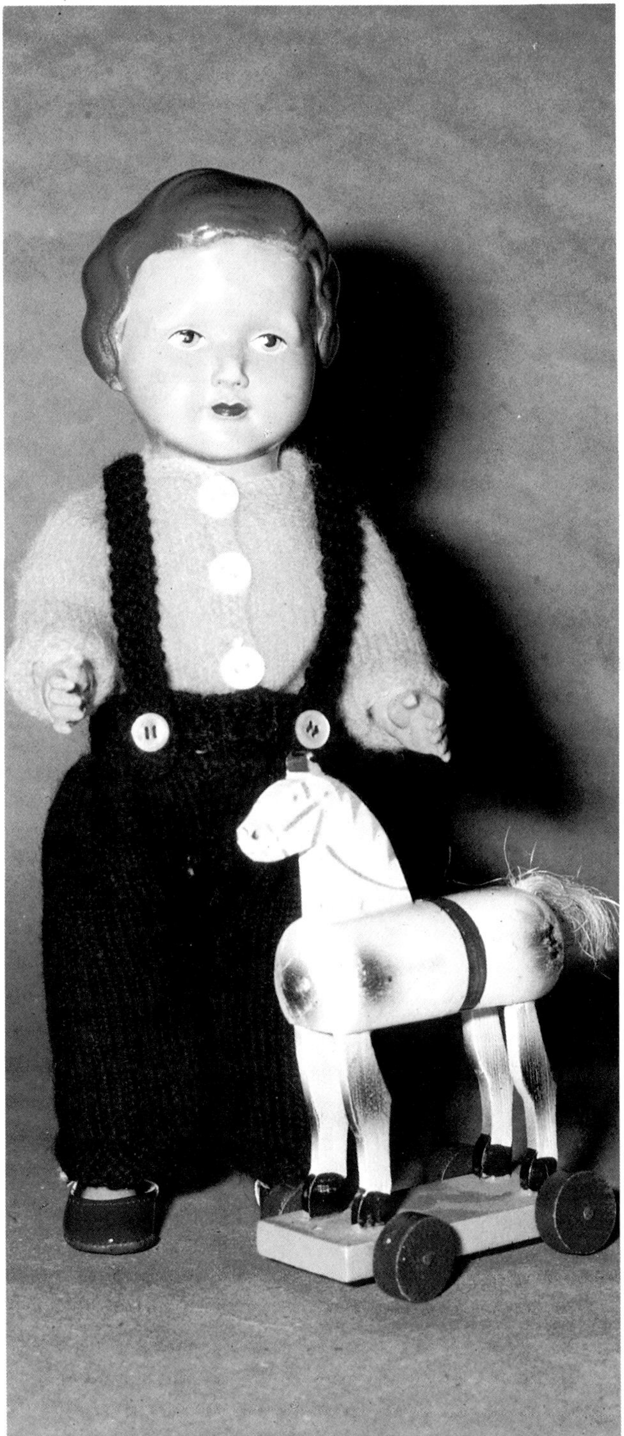

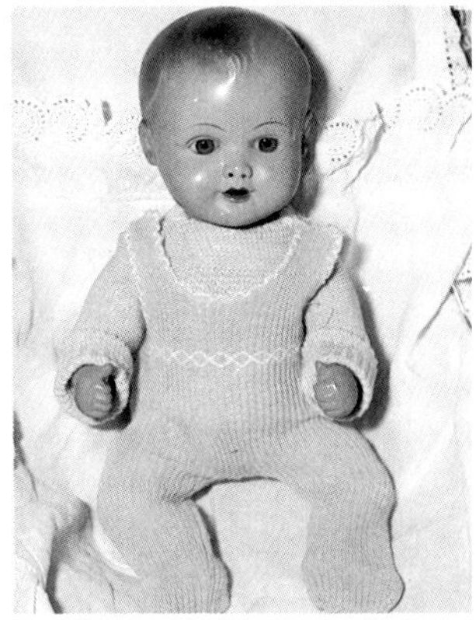

Sitzbaby um 1950/55 · Arme und Beine mit Kugelgelenken · Kurbelkopf · leicht geprägte bräunliche Haare · feststehende blaue Glasaugen · offener Mund
30 cm · Preisgruppe E

Halsmarke:	30
Körpermarke:	Nixe 30

Um 1950/55 · Arme und Beine mit Scheibengelenken · feststehender Kopf · geprägte rötliche Haare · geprägte blaue Augen · geschlossener Mund
29,5 cm · Preisgruppe E

Körpermarke: Nixe 29½

Hermsdorfer Celluloidwarenfabrik

Berlin-Hermsdorf – Schutzmarke «DADA»
Zelluloidpuppen 1923–1927

Die Hermsdorfer Celluloidwarenfabrik produzierte ab 1923 bis etwa 1927. Ihr Markenzeichen war ein Marienkäfer mit der Aufschrift «DADA».

Trotz kurzer Produktionszeit meldete die Firma einige Patente an, und zwar für zwei Zelluloidpuppenköpfe (Schulter- und Kurbelkopf) und für ein Zelluloidbaby. Dieses selbsttrinkende «Original Trink-Bebie», welches eine Milchflasche leert, hat einen Kurbelkopf und bewegliche Glieder. Dieselbe Puppe gab es aber auch, wie hier abgebildet, mit geschlossenem Mund. Das «Trink-Bebie» wurde in den Jahren 1926 und 1927 von der Firma Buschow & Beck angeboten, und es ist deshalb anzunehmen, daß die Hermsdorfer Celluloidwarenfabrik von Buschow & Beck übernommen wurde.

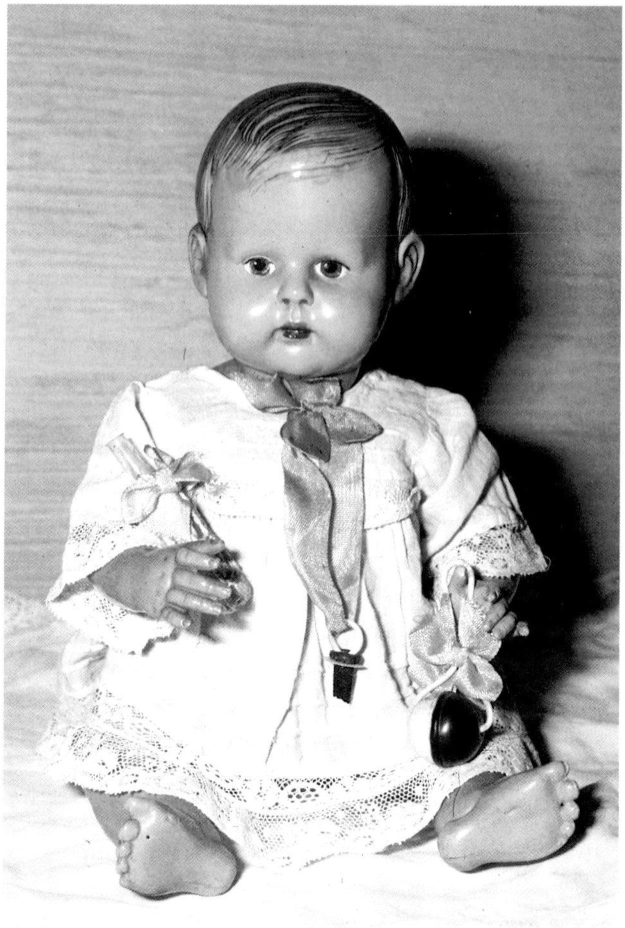

Babypuppe um 1926 · Beschreibung auf Seite 63 oben

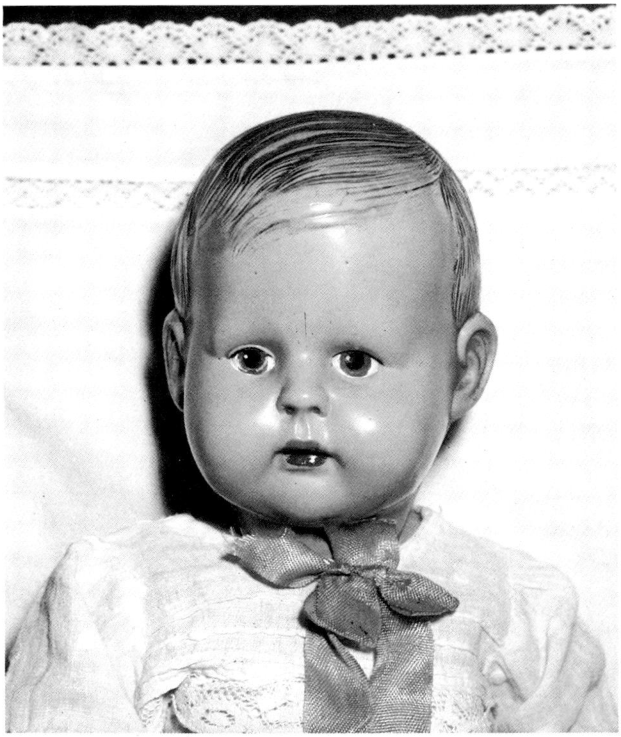

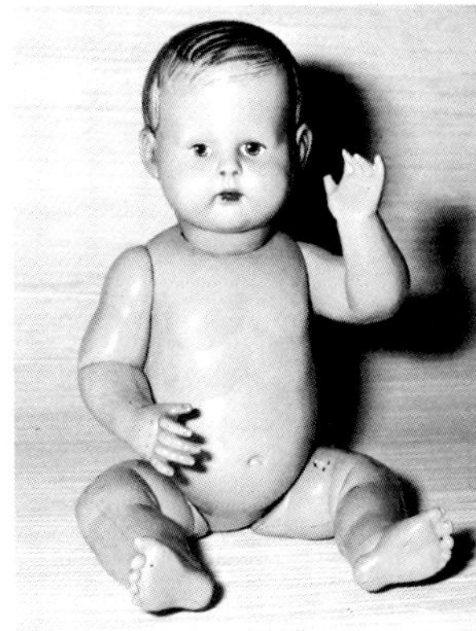

Babypuppe um 1926 · Babykörper · Arme und Beine mit Scheibengelenken · Kurbelkopf · detaillierte Modellierung an Körper und Gliedern · modellierte braune Haare · geprägte, engstehende blaue Augen · geschlossener Mund
36 cm · Preisgruppe G

Hals- und Körpermarke: Marienkäfer
36
Germany

Um 1924 · Zelluloidschulterkopf mit schön modellierter Frisur · große, gemalte blaue Augen · offen-geschlossener Mund mit geprägten Zähnchen
30 cm · Preisgruppe G

Halsmarke: Marienkäfer
8
Germany

Paul Hunaeus

Celluloidwarenfabrik, Hannover-Linden
Zelluloidpuppen 1900–1930

Die Celluloidwarenfabrik wurde von Dr. Paul Hunaeus im Jahre 1890 gegründet. Aus Zelluloid wurden anfangs nur Soldaten und andere Figuren hergestellt, erst ab 1900 auch Puppen. Als Warenzeichen wurden die Initialen PH verwendet und als Kennzeichnung für Spielwaren, Puppen und Puppenteile eingetragen. Die Puppenproduktion der Firma Paul Hunaeus begann mit Zelluloidschulterköpfen mit gemalten Augen und geprägten Haaren. Etwas später entstanden dann auch Ganzzelluloidpuppen mit feststehendem Kopf sowie mit Kurbelkopf und beweglichen Gliedern als Sitz- und Stehbabys.

PH
GERMANY

Auffallend bei sehr frühen Puppen der Marke «PH» ist die Art, wie die einzeln gepreßten Zelluloidhälften zusammengesetzt sind: Die Naht ist besonders dick; es sieht so aus, als seien überstehende Zelluloidteile wie Laschen übereinandergelegt und zusammengeklebt worden.

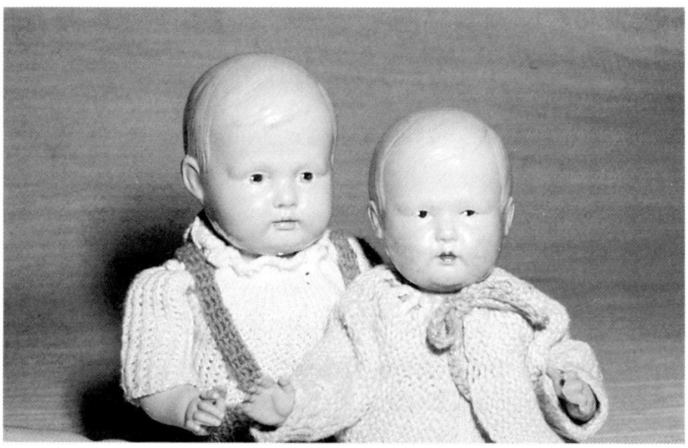

Puppen um 1928

Hinten: Junge · Arme und Beine beweglich · feststehender Kopf · leicht modellierte Haare · geprägte Augen mit grauer Iris · geschlossener Mund
26 cm · Preisgruppe E

Körpermarke: PH in Raute / 26 / Germany

Vorne: Baby · Arme und Beine mit Scheibengelenken · feststehender Kopf · modellierte Haare · geprägte braune Augen · geschlossener Mund
22 cm · Preisgruppe D

Körpermarke: PH in Raute / 22 / Germany

Denselben Puppentyp gab es auch mit dem von P. H. patentierten drehbaren Igodi-Kopf (s. «Rheinische», S. 107).

Bereits 1905 übertrug die Firma Paul Hunaeus die Rechte für einige ihrer Produkte an die Rheinische Gummi- und Celluloidwarenfabrik und änderte 1911 das Warenzeichen – eine Rautenlinie umrahmte nun die Buchstaben PH.

Im Jahre 1928 brachte die Firma ein Sitz- und Stehbaby mit feststehendem Kopf und mit patentiertem Igodi-Drehkopf heraus, der unterhalb des Kinns endet, auf einen mit dem Körper verbundenen Halszapfen gesetzt wird und dreh- und neigbar ist. Diese Art der Kopfaufhängung findet man vor allem bei französischen Zelluloidpuppen der Marke «Petit Colin».

Das Sitz- und Stehbaby mit dem patentierten Kopfgelenk wurde dann, als nach dem Zusammenschluß von 1930 die gesamte Puppenproduktion von Paul Hunaeus auf die «Rheinische» überging, von dieser übernommen und mit dem Schildkrötzeichen weiterproduziert (siehe Seite 107).

Puppen um 1920/28

Vorne: Arme und Beine mit Scheibengelenken · feststehender Kopf · stämmiger Körper · modellierte Haare · geprägte, engstehende blaue Augen · geschlossener Mund
14 cm · Preisgruppe C

Körpermarke: PH in Raute
14
Germany

Hinten: Stehpuppe · Kopf und Beine feststehend · bewegliche Arme · modellierte Haare · geprägte braune Augen · geschlossener Mund
17,5 cm · Preisgruppe E

Körpermarke: PH in Raute
17½
Germany

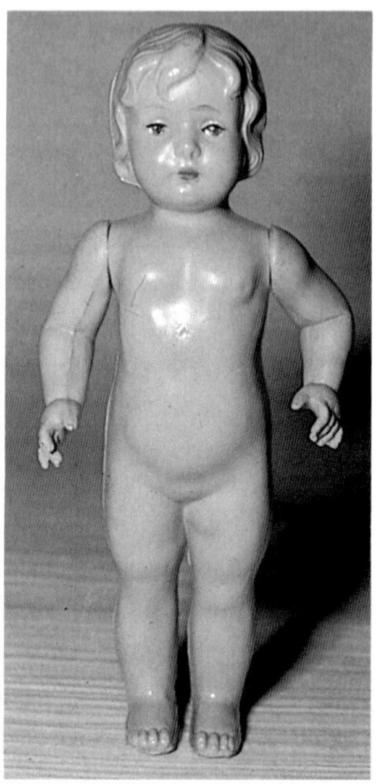

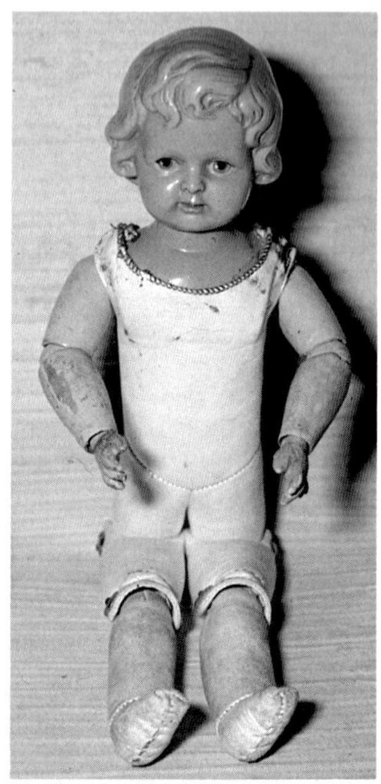

Links: Stehpuppe, wie oben

Rechts: Um 1915 · Ziegenlederkörper mit Universalgelenken an den Beinen · Holzarme mit Kugelgelenken · Zelluloidschulterkopf mit modellierter Frisur · geprägte blaue Augen · offen-geschlossener Mund
30 cm · Preisgruppe H

Halsmarke: PH in Raute
6

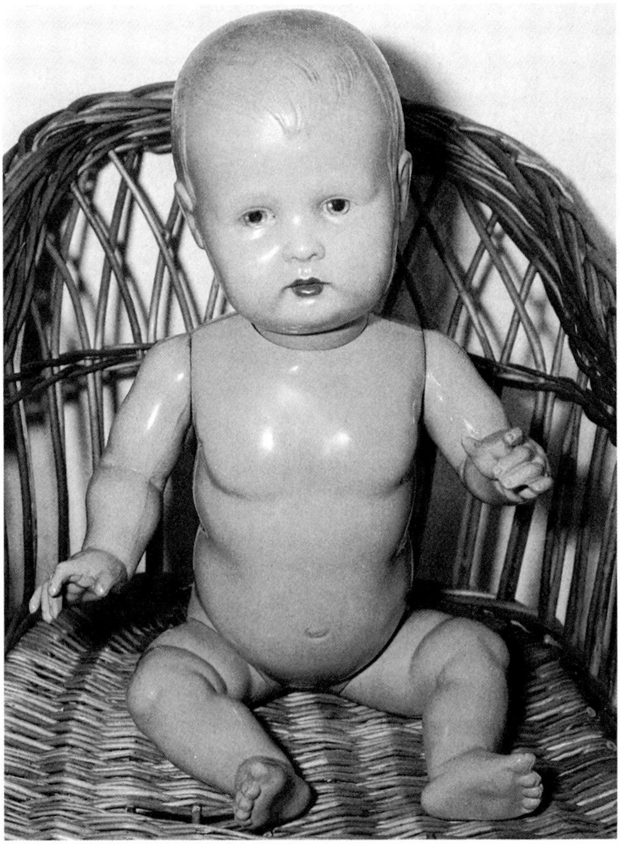

Sitzbaby um 1925 · Ganz aus Zelluloid · Arme und Beine mit Scheibengelenken · Kurbelkopf · geprägte Haare · geprägte blaue Augen · offen-geschlossener Mund mit zwei Zähnchen
45 cm · Preisgruppe F

Hals- und Körpermarke: PH in Raute
45
Germany

Stehpüppchen um 1910/20 · unbeweglich · sehr fein modellierte Haare (am Hinterkopf lauter kleine Löckchen) · gemalte Augen · geprägte Schuhe und Strümpfe
7 cm · Preisgruppe A

Körpermarke: PH in Raute
7
Germany

Im Vordergrund Zelluloidfigur und Zelluloidente, beide gemarkt mit PH in Raute

Kämmer & Reinhardt

Puppenfabrik, Waltershausen/Thüringen
Zelluloidpuppen 1900–1958

K & R
GERMANY

Ernst Kämmer und Franz Reinhardt gründeten im Jahre 1885 eine Puppenfabrik in Waltershausen. Sie produzierten Biskuitpuppenköpfe und Gelenkpuppenkörper. 1886 wurde das Warenzeichen K&R mit Stern registriert.

Die Firma experimentierte schon ab 1890 mit dem neuen Werkstoff Zelluloid, ließ aber ihre Zelluloidkopfrohlinge von der Rheinische Gummi- und Celluloidwarenfabrik anfertigen. Es waren Kopien von Biskuitpuppenköpfen der Marke K&R nach Entwürfen des Modelleurs der Firma, Karl Kraußer.

Ab 1902 begann Kämmer & Reinhardt nach einer neuen Methode der Bemalung, matte und nicht verblassende Brust- und Kurbelköpfe aus Zelluloid herzustellen. Die Kopfrohlinge, die die «Rheinische» dazu lieferte, wurden wie folgt weiterverarbeitet: Die Oberfläche des Zelluloidpuppenkopfes wurde aufgerauht, damit die trockene Schminke, die anschließend mit dem Pinsel aufgetragen wurde, besser hielt. Der so gefärbte Kopf wurde ab 1912 mit einem von K&R entwickelten durchsichtigen und abwaschbaren Mattlack überzogen. Dieser Lack verhinderte, daß die Köpfe im Laufe der Zeit gelb wurden und verblaßten, außerdem verschwand der übliche Glanz des Zelluloid, ein matter, rosiger Farbton entstand.

Die Firma Kämmer & Reinhardt entwickelte auch die sogenannten »Schelmenaugen« oder »Flirting eyes« und ließ sie patentieren. Weitere Patente erhielt sie unter anderem für Vorrichtungen an Schelmenaugen in Biskuit- und Zelluloidköpfen und für eine Konstruktion, die verhindern sollte, daß die Beweglichkeit der Schlafaugen in Zelluloidköpfen durch Temperatureinflüsse beeinträchtigt wurde. Die Firma Kämmer & Reinhardt begann als erster Puppenhersteller, ihren Biskuit- und Zelluloidpuppenmodellen Namen zu geben, und so wurden Puppen als «Mein Liebling» und für den amerikanischen Markt als «My Darling» oder «My Rosy Darling» (rosy = rosig; vom Aussehen des Zelluloidkopfes – das typisch deutsche Kind charakterisierend) vorgestellt. Industriell gefertigte Puppen bekamen durch einen Namen wieder den Hauch von Individualität und Liebenswürdigkeit, und dies spiegelte den Trend der Zeit wider, der sich besonders auf dem amerikanischen Markt in den nächsten Jahrzehnten mit großem Erfolg durchsetzte. Mit der Namensgebung als Unterscheidungsmerkmal der Puppen änderten sich auch ihre Gesichter. Die Puppen lösten sich von dem klischeehaft erstarrten Puppengesicht des neunzehnten Jahrhunderts und wurden nun mit natürlich wirkenden, charakteristischen Gesichtszügen dargestellt. Den bedeutsamsten Durchbruch zu diesem neuen Weg brachte die realistische Nachbildung eines etwa sechs Wochen alten Babys, das K&R 1909 nach dem Entwurf eines Berliner Künstlers zuerst als Biskuitpuppe und später auch als Zelluloidpuppe auf den Markt brachte.

Mit diesem als «Baby Otto» bezeichneten und später in Sammlerkreisen als «Kaiserbaby» bekannten Typ begann die berühmte 100er Biskuitcharakterserie von K&R-Puppen. Diese Babypuppe wurde auch von der «Rheinischen» als eigene Ganzzelluloidpuppe in vielen Größen, sogar als Stehpuppe, hergestellt. Sie ist teils mit «Schildkröte ohne Raute», teils mit «Schildkröte in Raute» gemarkt. Parallel zu den bedeutendsten Erfolgspuppen dieser 100er Charakterserie in Biskuit entstanden Zelluloidversionen, die aber hauptsächlich in Amerika verkauft wurden, da sie dort besonders beliebt waren.

Serien-Nr.	Charakterpuppen mit Biskuitköpfen 100er Serie	Serien-Nr.	Charakterpuppen mit Zelluloid-Brustköpfen 200er Serie	Serien-Nr.	Charakterpuppen mit Zelluloid-Ringhalsköpfen 300er Serie	Serien-Nr.	Charakterpuppen mit Zelluloid-Kurbelköpfen 700er Serie
100	«Kaiserbaby» (1909)	200	auf Stoffkörper			700	auf Composition-Babykörper
101	«Peter»/«Marie» (1909)	201	auf Leder- bzw. Stoffkörper mit Zelluloidunterarmen			701	auf Gliederkörper
114	«Hans»/«Gretchen» (1910)					714	auf Gliederkörper
117	«Mein Liebling» (1912)					717	auf Gliederkörper oder als Steh- und Sitzbaby auf Composition- oder Zelluloidkörper
121	Charakter-Babypuppe mit Schlafaugen und offenem Mund (1914)			321	auf Stoffkörper mit Zelluloid-Babygliedern (in versch. Größen)		
127	«Mein Lieblingsbaby» (1915)					727	auf Ganzzelluloid-Babykörper in verschiedenen Größen
128	Charakterpuppe mit Schlaf- oder Schelmenaugen und offenem Mund (1915)					728	auf Composition- oder Ganzzelluloidkörper in verschiedenen Größen
Bis Nr. 714 nur mit gemalten Augen und in einer Größe – ab 717 (u. 321) auch mit Schlaf- bzw. Schelmenaugen und in versch. Größen							

Auffallend und charakteristisch für die Ganzzelluloidpuppen der Marke K&R sind die sehr schönen, bis ins kleinste Detail gehenden, ausmodellierten Körper und Kugelgelenkglieder der Sitz- und Stehbabys, wie man sie ähnlich bei keiner anderen Marke finden kann. Die Charakterpuppen aus Zelluloid ab Nr. 717 (und 321) wurden teilweise bis nach 1930 hergestellt. Die Zelluloidpuppen, die nach dem Krieg produziert wurden, bekamen neue, zweistellige Seriennummern – sie sehen aber den Charakterpuppen der Vorkriegszeit sehr ähnlich.

Die Firma Kämmer & Reinhardt hat noch bis 1958 produziert.

KÄMMER & REINHARDT

Seite 70: Um 1910 · Zelluloidversion der Nr. 101 · hergestellt von der Rheinischen Gummi- und Celluloidfabrik · Compositionkörper mit 10 Gelenken · Kurbelkopf · gemalte blaue Augen · geschlossener Mund
47 cm · Preisgruppe K

Halsmarke: Schildkröte
K Stern R
701
47

Seite 71: Beschreibung siehe unten

Um 1910 · Lederkörper mit Ledergelenken · Porzellanunterarme · Zelluloidschulterkopf · Echthaarperücke · braune Schlafaugen · geprägte Augenbrauen · offener Mund mit Zelluloidzähnchen
40 cm · Preisgruppe K

Halsmarke: K Stern R
255
No 11
Germany

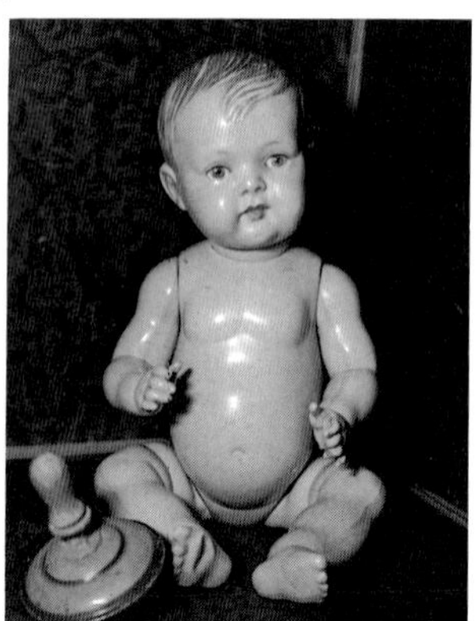

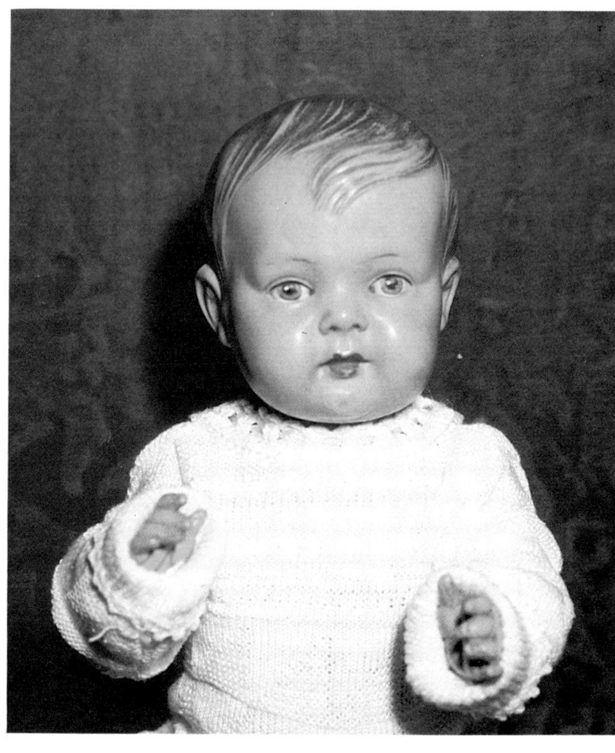

«Mein Lieblingsbaby», Sitzbaby um 1920 · ganz aus Zelluloid · Arme und Beine mit Scheibengelenken · sehr schön ausmodellierter, typischer K&R-Körper · Kurbelkopf · geprägte Haare · geprägte blaue Augen · offengeschlossener Mund
24 cm · Preisgruppe H

Halsmarke: K Stern R
24/727

Körpermarke: K Stern R
24

In verschiedenen Größen und auch mit Schlafaugen hergestellt.

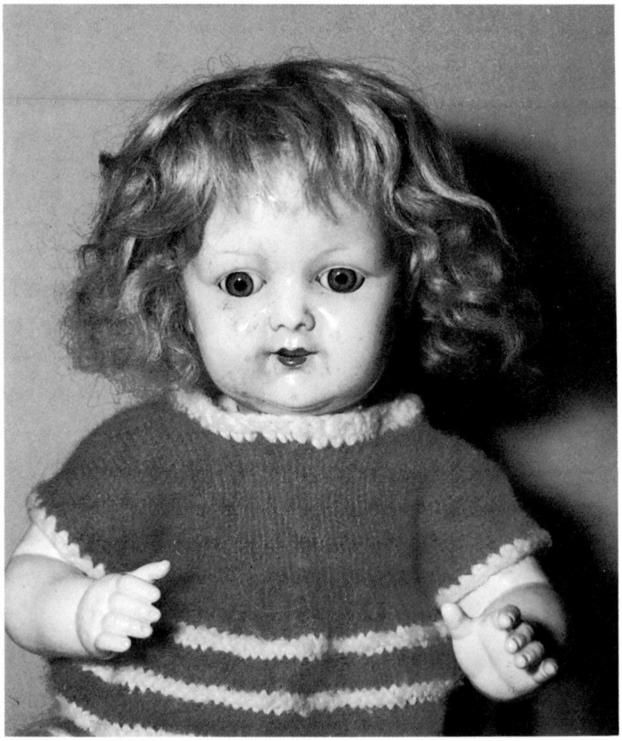

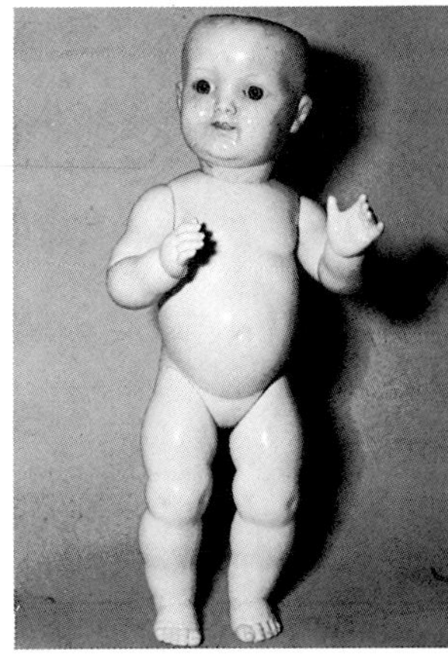

Um 1920 · Arme und Beine mit Scheibengelenken · Miblu-Kurbelglattkopf · blaue Schlafaugen · offener Mund mit Zähnchen · Körper und Glieder sehr schön modelliert
33 cm · Preisgruppe G

Halsmarke:	K Stern R 728/3 Germany 33
Körpermarke:	K Stern R 3

Links oben: Dieselbe Puppe mit blonder Mohairperücke

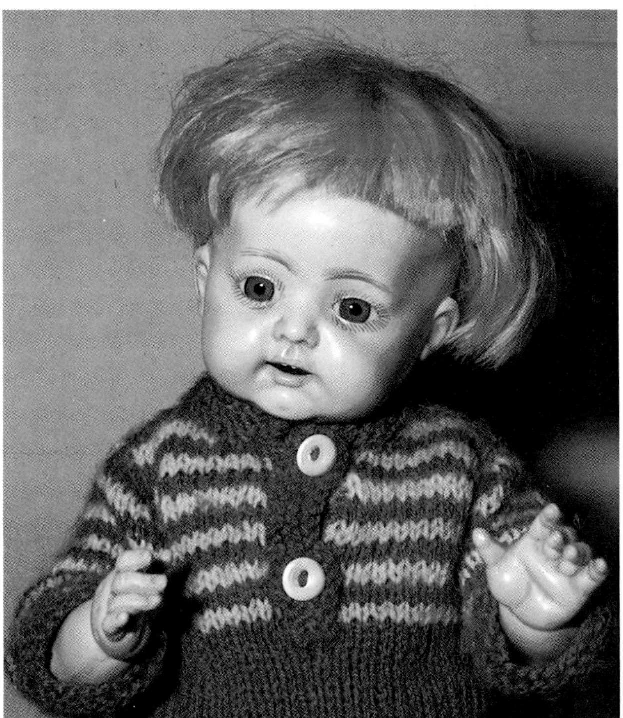

«Mein Liebling», um 1920 · Arme und Beine mit Scheibengelenken · Kurbelglattkopf mit blonder Mohairperücke · feststehende blaue Glasaugen · aufgemalte Wimpern · offener Mund mit Zähnchen
28 cm · Preisgruppe H

Halsmarke:	K Stern R 717/28
Körpermarke:	K Stern R 28 1

Dieser Puppentyp wurde in verschiedenen Größen, auch auf Gliederkörpern und Compositionkörpern und mit Flirting-Eyes hergestellt.

Oben: Beide Puppen um 1925 · Arme und Beine mit Scheibengelenken · Kurbelglattkopf mit Mohairperücke · Schelmenaugen · offener Mund mit Zähnchen · Mamastimme
46 cm · Preisgruppe G

Halsmarken: K Stern R
728/7
Germany
43/46

Körpermarken: K Stern R
7

Rechts: Babypuppe um 1925 · Stoffkörper · Arme und Beine aus Zelluloid mit Kugelgelenken · Zelluloidringhalskopf · modellierte Haare · braune Schlafaugen mit Wimpern · offener Mund mit Zähnchen · · Mamastimme
48 cm · Preisgruppe G

Halsmarke: K Stern R 321/4½

Seite 75: Um 1940/50 · Arme und Beine mit Scheibengelenken · Kurbelglattkopf · Echthaarperücke · Schelmenaugen · offener Mund mit Zähnchen
52 cm · Preisgruppe G

Halsmarke: K Stern R
11/8
Germany

Körpermarke: K Stern R
8

J. D. Kestner

Spielwarenfabrik, Waltershausen/Thüringen

Zelluloidpuppen 1915–1938

Die Spielwarenfabrik wurde 1820 von Johann Daniel Kestner gegründet. Er gilt heute als Begründer der Waltershausener Puppenindustrie. Zuerst wurden Holzgliederpuppen mit Holz- und Papiermachéköpfen und andere Spielsachen aus Holz und Papiermaché hergestellt. Später fertigte die Firma dann Lederkörper und ab 1860 Porzellanpuppenköpfe. J.D.K. war einer der wenigen deutschen Puppenhersteller, der nicht nur Puppenteile, sondern auch ganze Puppen produzierte. Zahlreiche Patente wurden angemeldet, unter anderem für eine schwimmende Biskuitbadepuppe, für eine Laufpuppe aus Biskuit und verschiedene Vorrichtungen zur Anordnung von beweglichen Augen in Puppenköpfen.

Beide Zeichen wurden für Zelluloidpuppen verwendet. Eine zeitliche Einordnung ist nicht möglich.

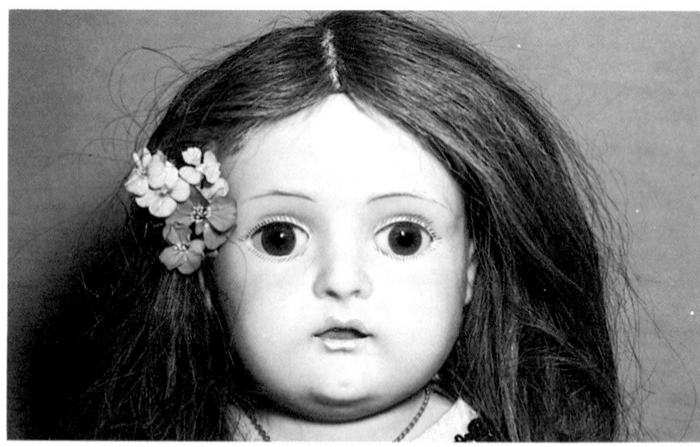

Der Zelluloidschulterkopf mit der Nummer 201 war wohl das beliebteste Puppenkopfmodell in Zelluloid von J. D. K. Er wurde bis 1930 in verschiedenen Größen hergestellt und war einer der letzten von Kestner.

Ab 1915 ließ die Firma Zelluloidrohlinge als Kurbel- und Schulterköpfe und ein Ganzzelluloid-Charakterbaby nach eigenen Entwürfen und Preßformen bei der Rheinischen Gummi- und Celluloidwarenfabrik anfertigen. Die Zelluloidschulterköpfe, gemarkt entweder mit dem Warenzeichen J.D.K. oder J.D.K. und der Schildkrötmarke (ohne und mit Raute), bekamen die Seriennummern 201 bis 204. Sie wurden an Ziegenlederkörper (Körper gemarkt mit der Kronenmarke mit Bändern und den J.D.K.-Initialen) genäht, an denen Zelluloidunterarme befestigt waren.

Das Zelluloidcharakterbaby der Marke J.D.K. hat die Seriennummer 243 und ist ein typisches Kestner-Baby mit offengeschlossenem Mund und Grübchen im Gesicht. Der Kurbelglattkopf (Halsmarke J.D.K.) mit Perücke ist auf einem gut modellierten Kestner-Körper aus Zelluloid (Körpermarke J.D.K.) befestigt. Genau der gleiche Puppentyp in genau der gleichen Ausführung wurde von der «Rheinischen» auch als eigenes Modell mit der Schildkrötmarke hergestellt.

1938 wurde die Firma Kestner aufgelöst.

Um 1915 · Ziegenlederkörper mit Universalgelenken · Kniegelenke mit Zwickel · Unterarme aus Zelluloid mit Ellbogengelenken (Zwickel) · Miblu-Schulterkopf mit brauner Echthaarperücke · große braune Schlafaugen mit Wimpern · geprägte Augenbrauen · offener Mund mit Zelluloidzähnchen
68 cm · Preisgruppe K

Halsmarke:
J. D. K.
201.
9.

Siehe auch die Abbildungen auf den Seiten 76 und 79.

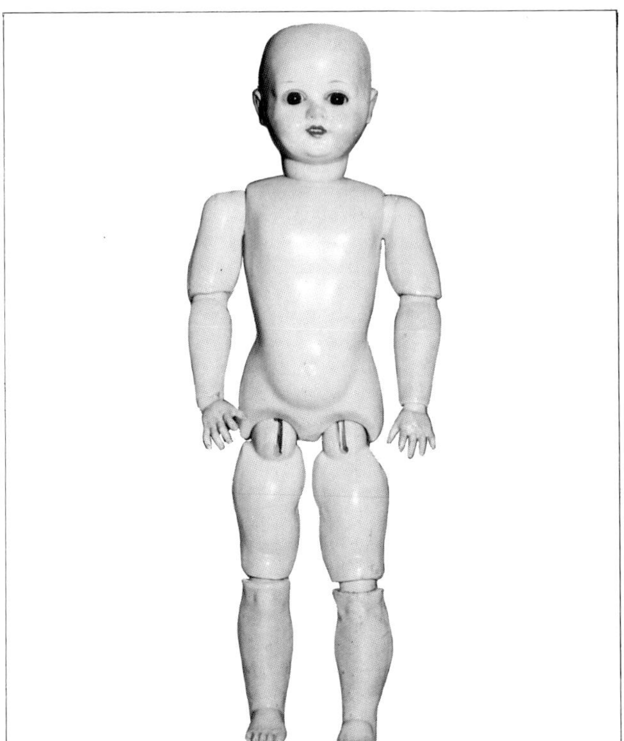

Um 1918 · Gliederkörper · Zelluloidkurbelglattkopf · braune Schlafaugen mit Wimpern · offener Mund mit Zähnchen
57 cm · Preisgruppe J

Halsmarke:
J. D. K.
Schildkröte in Raute
Schutz-Marke
13
Germany
1918

Körpermarke:
Made in Germany
J. D. K.
57

Seite 78: Dieselbe Puppe mit brauner Echthaarperücke

Koenig & Wernicke

Puppenfabrik, Waltershausen/Thüringen
Zelluloidpuppen 1929–1950

Von 1912 bis 1943

Nach 1945

Im Jahre 1912 gründeten Max Koenig und Rudolf Wernicke eine Puppenfabrik in Waltershausen. Zuerst wurden Gelenkpuppen, Sitz- und Stehbabys mit Biskuitköpfen, aber auch verschiedene Puppenartikel fabriziert.

1926 gelang es der Firma, sogenannte «Cellowachsköpfe» nach eigener Ausführung herzustellen. Die aus durchsichtigem, wachsartigem Zelluloid gefertigten Kurbelkopfrohlinge bezog K&W von der Rheinischen Gummi- und Celluloidwarenfabrik. Diese Rohlinge wurden dann von Koenig & Wernicke weiterverarbeitet, indem sie von innen mit einer Farbschicht bestrichen wurden, damit sie nicht mehr durchsichtig waren, sondern ein rosiges Aussehen erhielten.

Ab 1927 wurden den Cellowachsköpfen dann noch große blaue Reflexaugen eingesetzt. Es handelt sich hierbei um Augen, die den Betrachter stets anschauen, gleichgültig ob er rechts, links oder davor steht. Die Cellowachskurbelköpfe sind Kopien des Biskuitmodells Nr. 98 von K&W. Sie haben alle die Seriennummer 298 und wurden nur bis 1935 hergestellt. Außer der Seriennummer befindet sich auf allen Köpfen die Doppelsignierung «K&W» und «Schildkröte in Raute» (altes Zeichen). Die dazugehörigen Compositionsitz- und stehkörper sind meistens mit der K&W-Marke gestempelt.

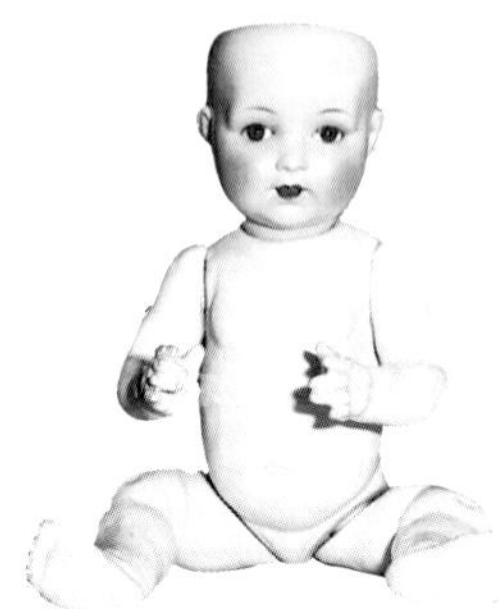

1929 meldete die Firma ein Patent für die Befestigung auswechselbarer Puppenstimmen in Zelluloidköpfen an. Nach dem Zweiten Weltkrieg änderte sie die Form ihres Markenzeichens und produzierte nun auch Ganzzelluloidpuppen mit Kugelgelenkgliedern (700er Serie). Nach 1955 entstanden Puppen aus den zelluloidähnlichen Kunststoffen Cellidor und Tortulon.

Die Firma wechselte von Waltershausen nach Dornstetten im Schwarzwald. Nachfolger Rolf Wernicke belieferte als Großhändler die Puppenkliniken bis nach 1963 mit Zelluloidersatzköpfen und -gliedern der Marke «Schildkröt». Heute stellt die Rolf Wernicke KG Puppen aus Vinyl her.

KOENIG & WERNICKE

Um 1925/30 · Compositionbabykörper · Arme und Beine mit Scheibengelenken · Zelluloidkurbelglattkopf · braune Echthaarperücke · braune Schelmenaugen mit Wimpern · offener Mund mit Zähnchen
46 cm · Preisgruppe F

Halsmarke: K & W
W
298/6 } im Kreis
Schildkröte in Raute
Germany

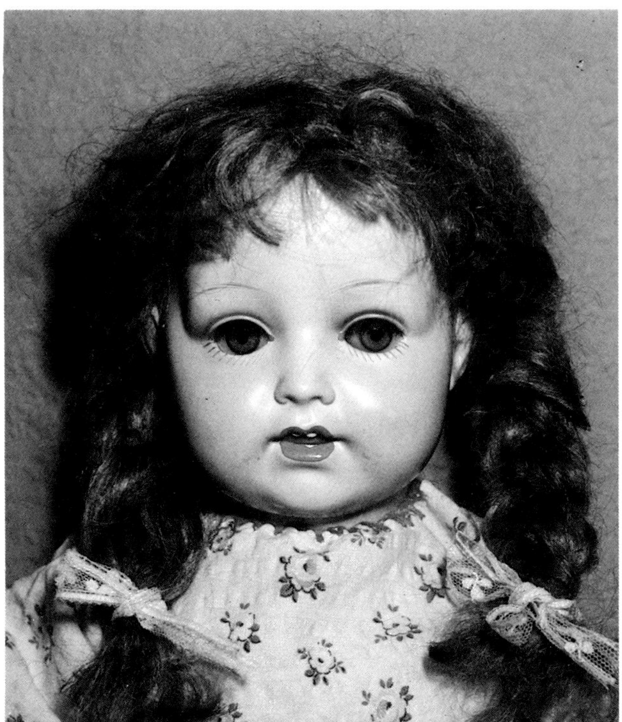

Um 1925/30 · Compositionkörper · Arme und Beine mit Scheibengelenken · Zelluloidkurbelglattkopf · dunkelblonde Mohairperücke · blaue Schlafaugen mit Wimpern · offener Mund mit Zähnchen
42 cm · Preisgruppe F

Halsmarke: K & W
W
298/5 } im Kreis
Schildkröte in Raute
Germany

Um 1945/50 · Zelluloidbabykörper · Arme und Beine mit Kugelgelenken · Kurbelglattkopf mit blonder Echthaarperücke · blaue Schelmenaugen mit Wimpern · offener Mund mit Zähnchen · Mamastimme
45 cm · Preisgruppe E

Hals- und Körpermarke: K & W [1)]
733/45

[1)] im Dreierkreis

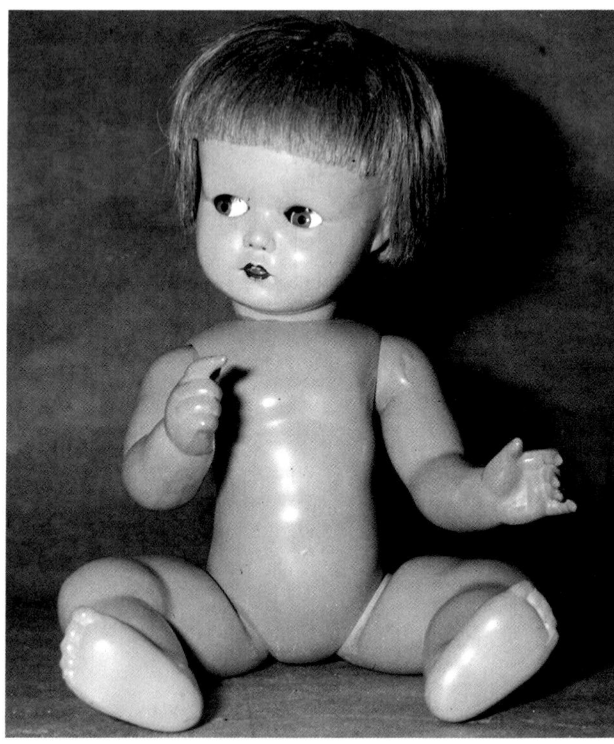

Seite 83: Um 1925/30 · Compositionkörper · Arme und Beine mit Scheibengelenken · Zelluloidkurbelglattkopf · blonde Mohairperücke · blaue Schelmenaugen mit Wimpern · offener Mund mit Zähnchen
65 cm · Preisgruppe G

Halsmarke: K & W
W
298/13 } im Kreis
Schildkröte in Raute
Germany

Kohl & Wengenroth

Celluloidwarenfabrik, Offenbach

Zelluloidpuppen um 1920

Die Herren Kohl und Wengenroth gründeten im Jahre 1864 die nach ihnen benannte Firma. Das Markenzeichen ist ein Mädchen im langen Kleid, das auf seinen ausgestreckten Armen die Buchstaben K (links) und W (rechts) trägt. Das Ganze ist von einem Kreis umrahmt.

Die Firma stellte Zelluloidspielzeug und -puppen her. Es waren Ganzzelluloidpuppen mit modellierten Haaren und gemalten Augen, die es als Sitz- und Stehbabys gab. 1926 wurde sie von Paul Hunaeus übernommen, und diese Firma wiederum ging 1930 an die «Rheinische» über, womit dieser dann die Puppenmodelle beider Firmen zur Verfügung standen.

Sitzbaby um 1920 · Arme und Beine mit Scheibengelenken · Kurbelkopf · geprägte Haare · geprägte blaue Augen · offen-geschlossener Mund mit zwei geprägten Zähnchen · schön ausmodellierter Körper
28 cm · Preisgruppe F

Halsmarke: K (Mädchen) W [1]
28

Körpermarke: K (Mädchen) W [1]
28
Germany

[1] im Kreis

Oldenburger Celluloidwarenfabrik

Oldenburg/Holstein 1949–1960

In Oldenburg begannen die Herren Hayn und Engels nach dem 2. Weltkrieg mit der Herstellung eines kleinen Zelluloidspielwarensortimentes: Hauptsächlich Kleinpuppenmodelle, die zwischen 7 und 10 cm groß waren und auf Jahrmärkten unter der Bezeichnung «Schmetterling-Puppen» verkauft wurden, aber auch Mädchenpuppen mit modellierten Frisuren in Größe 42 und die von der *Fa. Hagedorn* übernommenen Puppenmodelle *(siehe Seite 22)* wurden produziert.

Schmetterling Püppen

Der Schmetterling war das Markenzeichen der kleinen Firma, vor allem die Kleinpüppchen trugen ihn als Etikett ums Handgelenk, waren aber ansonsten ungemarkt. Dieses Etikett ist natürlich im Laufe der Zeit verlorengegangen und heute nur noch an Püppchen aus alten Lagerbeständen zu finden. Bei manchen der etwas größeren Puppen wurde der Schmetterling als Markenzeichen am Hals bzw. am Körper eingeprägt.

Püppchen um 1920/30

Mädchen: Band mit Schmetterling (Markenzeichen der Oldenburger Celluloidwarenfabrik) im Haar · Arme beweglich · gemalte, seitwärts blickende Augen
6 cm · Preisgruppe A · ungemarkt

Junge: Nur Arme beweglich · gemalte Schuhe und Strümpfe · gemalte, seitwärts blickende Augen
6 cm · Preisgruppe A · ungemarkt

Sitzbaby um 1920/30 · Arme und Beine mit Scheibengelenken · feststehender Kopf · leicht geprägte Haare · gemalte blaue Augen · geschlossener Mund
12 cm · Preisgruppe B · ungemarkt

Rheinische Gummi- und Celluloidwarenfabrik

Mannheim-Neckarau – Schutzmarke «Schildkröte»
Zelluloidpuppen 1896–1961

GERMANY
SCHUTZ-MARKE

Dieses Zeichen wurde bis etwa 1900 verwendet. Zeitliche Überschneidungen mit dem Folgezeichen (Seite 89) sind möglich.

Im Jahre 1873 gründeten Friedrich Bensinger, H. L. Hohenemser & Söhne und die Gebrüder Lenel eine «Hartgummi-Waaren-Fabrik» in Mannheim-Neckarau. Die Firma fertigte zunächst nur Waren aus Hartgummi, für die es nur begrenzte Verwendungsmöglichkeiten, aber große Konkurrenz gab. So fand die Firma dann gezwungenermaßen ab 1880 zu ihrer eigentlichen Bestimmung und Bedeutung, indem sie als erste Fabrik Deutschlands und eine der ersten in der Welt die Herstellung des völlig neuartigen Rohstoffs Zelluloid aufnahm.

Der wohl vielversprechende, aber auch schwierige neue Rohstoff war gänzlich unerforscht, die materialgemäße Entwicklung und die maschinelle Einrichtung mußten vom Werk selbst geschaffen werden. Ebenso schwierig wie die Produktion war dann auch der Absatz dieses völlig unbekannten Stoffs. Die Firma mußte zunächst einmal dafür sorgen, daß er auch weiterverarbeitet werden konnte, also selbst Verarbeitungs- und Anwendungsmöglichkeiten schaffen. Diese Notwendigkeit hat dem Mannheimer Werk seine besondere Bedeutung als Rohstofflieferant für die ganze Welt und gleichzeitig auch als Erzeuger von Fertigwaren gegeben.

Im Jahre 1885 wurden das Hauptwerk und wertvolles Material durch ein verheerendes Feuer, der Hauptgefahr bei der Herstellung und Verarbeitung von Zelluloid, vernichtet. (Mehrere Brandkatastrophen folgten noch in den nächsten Jahrzehnten.) Nach dem Wiederaufbau änderte die Firma ihren Namen in «Rheinische Gummi- und Celluloidwarenfabrik» und stellte zunächst nur Kämme aus Zelluloid her. Ihr Warenzeichen wurde die Schildkröte (zunächst ohne Raute) als «Symbol der Dauerhaftigkeit und Widerstandsfähigkeit», und diese wurde 1889 beim Kaiserlichen Patentamt in Berlin eingetragen.

Im folgenden erforschte man nicht nur immer neue Anwendungsgebiete für das Zelluloid, sondern erreichte vor allem qualitative Verbesserungen, die ohne die Verbindung zwischen Rohmaterialfabrikation und Fertigwarenherstellung im eigenen Werk gar nicht möglich gewesen wären. Man hatte damit den Vorteil, die Erkenntnisse aus der Fertigwarenherstellung auf die Rohmaterialfabrikation übertragen und so das Rohmaterial ständig verbessern zu können. Diese Pionierarbeit wurde belohnt, es erfolgte ein schneller Aufstieg des Mannheimer Werks, und dem neuen Rohstoff Zelluloid und damit auch der Zelluloidpuppe war ein glänzender Erfolg beschieden.

Um 1900 · Ziegenlederkörper · Kniegelenke mit Zwickel · Unterarme aus Holz mit Ellbogengelenken · Miblu-Schulterkopf · braune Echthaarperücke · blaue Schlafaugen mit Wimpern · modellierte Augenbrauen · offener Mund mit Zelluloidzähnchen
45 cm · Preisgruppe J

Halsmarke: Schildkröte o. Raute
SCHUTZ-MARKE
12

Puppen und Puppenköpfe wurden ab 1894 in das Fertigungsprogramm aufgenommen, als man die Möglichkeiten des Modellierens und Gestaltens mit dem Material erkannt hatte und künstlerisch ausnützen wollte. 1896 kamen die ersten unbeweglichen Zelluloidpuppen auf den Markt, hergestellt mit der Preßmethode. Der «Rheinischen» war damit ein Verfahren gelungen, welches erstmals die Herstellung von Puppen auf industrieller Basis gestattete. Die Zelluloidpuppen wurden als leicht, unzerbrechlich, abwaschbar und farbecht angeboten – Eigenschaften, die es bisher noch nicht gegeben hatte und die zur damaligen Zeit hoch eingeschätzt wurden. Diese ersten Puppen glichen vom Aussehen her eher einem Erwachsenen als einem Kind. Sie hatten modellierte Frisuren, feststehende Köpfe, waren unbeweglich oder nur an den Armen beweglich und wurden in verschiedenen Größen gefertigt. Ab 1897 waren auch die Beine der Puppen beweglich.

1899 ließ sich die «Rheinische» einen Kurbelkopf mit modellierter, abnehmbarer Frisur und Glasaugen patentieren. Dieser Puppenkopf wurde als «wie ein Porzellanmodell aussehend» angeboten. Bis zu diesem Zeitpunkt waren die Puppenköpfe aus Zelluloid entweder fest mit dem Körper verbunden oder Kurbelköpfe mit gemalten Augen. Puppenaugen aus Glas im Kopf anzubringen, war schwierig, Schlafaugen gar unmöglich, und um nun eine größere Öffnung zum Einsetzen der Glas-

«Wechselpuppe» 1910

Diese sehr seltene Puppe mit den ursprünglich fünf auswechselbaren Köpfen ist ganz aus Zelluloid. Arme und Beine sind auf Scheibengelenk beweglich; die Beine sind besonders lang und so konstruiert, daß die Puppe gut sitzen kann. Die gerippten hellblauen Strümpfe und braunen Stiefel mit Absätzen und je vier Knöpfen sind modelliert. Ein hölzerner Dübel, der aus dem Körper wie ein Hals herausragt, ermöglicht das Befestigen der fünf Köpfe.

In Amerika wurde diese künstlerisch ausgeführte Charakterpuppe als «Five in One Doll» angeboten und wie folgt vorgestellt: «Die Kinder werden niemals müde, mit ihr zu spielen, weil sie viele verschiedene Charaktere repräsentiert. Man kauft eine Puppe und kann 5 verschiedene Puppen daraus herstellen – mit dem Auswechseln des Kopfes entsteht für fast jeden Tag in der Woche ein neuer Typ, ein neues Spielzeug.»

Alle Köpfe sind ungemarkt. Preisgruppe LP.

Körpermarke: Schildkröte ohne Raute
SCHUTZMARKE
24
GERMANY
D.R.G.M.
447828

Abgebildet:

Jungenkopf (Kaiserbaby) · kurze, rauhe, fellartig aufgespritzte «Spezialfrisur» · Grübchen · gemalte blaue Augen · offen-geschlossener Mund

Mädchenkopf · geprägte Haare · gemalte blaue Augen · geschlossener Mund

Mädchenkopf · blonde Mohairperücke (Originalfrisur) · gemalte blaue Augen · geschlossener Mund

Nicht abgebildet:

Mädchenkopf · geprägte lockige Haare · etwas dunkler · gemalte blaue Augen · Grübchen · geschlossener Mund

Mädchenkopf · braune Mohairperücke · gemalte blaue Augen · geschlossener Mund

Katzenkopf · weiß · schwarze Ohren · aufgemalte Barthaare · grüne Augen · rote Schleife · Die Kombination mit dem Katzenkopf wurde wahrscheinlich vorwiegend für den amerikanischen Markt hergestellt.

Schildkröte mit Raute, altes Zeichen. Es wurde bis 1930 verwendet und ist an den nach vorne gerichteten Füßen der Schildkröte zu erkennen.

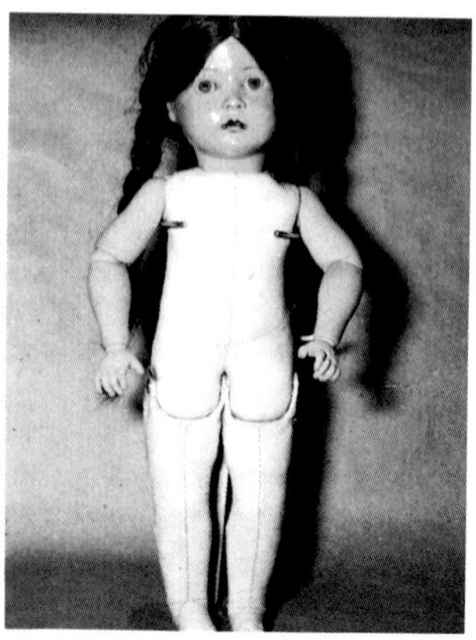

Um 1920 · Lederkörper mit beweglichen Beinen aus Leder · Kugelgelenkarme aus Holz mit Händen aus Gummi · Zelluloidkurbelkopf · braune Echthaarperücke · blaue Schlafaugen · offener Mund mit Zelluloidzunge · Mamastimme
40 cm · Preisgruppe J

Halsmarke: Schildkröte in Raute[1)]
Germany
35

[1)] altes Zeichen

augen zu haben, machte man das Zelluloidperückenteil des Kopfes abnehmbar und wieder aufsetzbar wie einen Deckel.

Um 1900 änderte die «Rheinische» ihr Warenzeichen: Eine Rautenlinie umrahmte nun die Schildkröte (altes Zeichen). Hier muß jedoch erwähnt werden, daß Puppen mit der Schildkrötmarke ohne Raute nicht nur bis 1900 produziert wurden, sondern daß beide Formen (mit und ohne Raute) eine Zeitlang nebeneinander produziert wurden. Man kann daher eine genaue Datierung allein anhand der Raute nicht vornehmen.

Die «Rheinische» war von Anfang an Marktführer für Zelluloid und seine Verarbeitung. Rohzelluloid stellte ausschließlich diese Firma her und verkaufte es auch an andere Puppenfabriken. Sie produzierte für andere Firmen mit deren Warenzeichen und zusätzlich mit der Schildkrötmarke (Doppelsignierung) Rohköpfe, sogenannte Rohlinge, nach Modellen der Auftraggeber. Die für die Herstellung der Modelle und Preßformen notwendigen Werkzeuge wurden von der «Rheinischen» angefertigt und an die jeweiligen Auftraggeber ausgeliehen. Die Rohlinge waren noch nicht bemalt, sondern wurden erst in den einzelnen Puppenfabriken weiterverarbeitet und fertiggestellt. So war es möglich, daß ein und derselbe Puppentyp (gleiche Kopfform), den verschiedene Firmen als Rohling bezogen, dennoch unterschiedlich ausfiel, weil jede Puppenfabrik durch die Bemalung des Gesichts, Aufmalen oder Einsetzen von Augen das Aussehen des Puppenkopfes veränderte.

Die frühen Zelluloidpuppenköpfe ähnelten dem bleichen Biskuit, dem sie farblich nachempfunden waren. 1902 übernahm die «Rheinische» von Kämmer & Reinhardt das Verfahren, Puppenköpfe mit kräftigen, dauerhaften Farben herzustellen. Die Produktion von Puppenköpfen wurde immer umfangreicher; es wurden nun auch Schulterköpfe mit modellierter Frisur oder mit Perücke gefertigt. Daraus ergaben sich dann Patentanmeldungen für Puppenaugen aus Glas mit Zelluloidfassung, für ein Verfahren zum Einsetzen und Befestigen von Glasaugen, 1904 für einen Zelluloidpuppenbalg mit beweglichen Gliedern und 1905 für ein Verfahren zum Einsetzen von Schlafaugen, die seither bei der Herstellung des Kopfes mit «eingebaut» wurden. Die Zelluloid-Brustblattköpfe wurden an Körper aus Ziegenleder oder Stoff genäht oder geklebt, die teilweise bereits Unterarme und Beine aus Zelluloid besaßen.

Außer Puppen- und Puppenteilen produzierte die «Rheinische» von Anfang an auch viele Zelluloidfiguren und -tiere, auch Zelluloidmasken und vor allem Babyspielsachen aus Zelluloid (Rasseln etc.). 1914 mußte sie auf Kriegsproduktion umstellen und konnte erst nach Kriegsende wieder neu beginnen.

1926 ließ die «Rheinische» das Warenzeichen «MIBLU» und ihre «MIBLU-Köpfe» patentieren. Diese Köpfe gab es aber schon seit 1900. Es handelte sich dabei um transparentes, wachsartiges Zelluloid das von innen zuerst mit einer cremigweißen Farbe bestrichen und dann mit blutroter Farbe überspritzt wurde. Die Bezeichnung MIBLU ergibt sich aus der Abkürzung von Milch (weiße Farbe) und Blut (rote Farbe). MIBLU-Köpfe wurden als Schulter- und Kurbelköpfe auch für andere Puppenfabriken hergestellt. Einen MIBLU-Kopf erkennt man heute meist an einer ziemlich dunklen Verfärbung des Teints. Wo sich die Farbschicht im Kopf gelöst hat, zeigen sich dunkle, durchscheinende Stellen.

25 Jahre nach der Gründung hatte die «Rheinische» Niederlassungen unter eigener Leitung in Berlin, Paris, Wien, London und New York. Die Chronik der Firma vermerkt mit Stolz: «Unsere Gesellschaft kann sich ohne Übertreibung zu den größten der Branche, vielleicht zu den größten der Welt rechnen.»

1930 übernahm die «Rheinische» die Celluloidfabrik Dr. Paul Hunaeus und deren Patente. Die früheren Hunaeus-Produkte erhielten sofort die Schildkrötmarke. Im selben Jahr änderte die «Rheinische» ihr Markenzeichen leicht ab – es ist eine geringfügige Änderung, aber für den Sammler wichtig, da sie bei einer genaueren Datierung der Puppen helfen kann: Die Füße der Schildkröte sind nach hinten weggebogen, während sie beim älteren Zeichen deutlich sichtbar nach vorne gehen.

Hauptsächlich nach 1930 begann die «Rheinische» ihren Zelluloidpuppen den Charakter von wirklichen Spielpuppen zu geben, das heißt, die Entwicklung der Puppe ging mehr und mehr zum Kindlichen über. Sie sollte ein Kind fürs Kind sein, um dadurch ihren hohen erzieherischen Aufgaben gerecht werden zu können. Für diesen kindlichen Puppentyp stehen die Anfang der dreißiger Jahre nacheinander produzierten Puppen. Zitat aus einem zu dieser Zeit von der «Rheinischen» herausgegebenen Werbeheft: «In jedem Fall muß das Gesicht der Puppe zu ihrem Wesen passen, weder das Puppengesicht noch das steife Damengesicht sind das Richtige. Diesem Grundsatz folgend hat Frau Schildkröte eine muntere Kinderschar um sich gesammelt und jeder Puppe einen passenden Namen gegeben: *Hans*, so heißt der Älteste, ein trotziger Bursche, *Inge*, seine Lieblingsschwester, auch ‹Sonnenkind› genannt, *Bärbel* mit ihren hübschen Schneckenzöpfchen, *Christel*, das man durch entsprechende Bekleidung als Junge oder als Mädel verwenden kann, *Strampelchen*, das Jüngste – man muß es lieb haben, mit all seinen kleinen Geschwistern, die dazugekommen sind und um die Wette abwechselnd am Sauger oder Daumen lutschen. Alle diese Schildkröt-Kinder wollen nicht nur Puppe sein, sondern vielmehr lebensechte Spielkameraden ihrer kleinen – oder oft sogar auch der großen Puppenmütter.» Diese fünf Puppentypen, zu denen etwas später noch das Modell *Erika* (mit der modernen

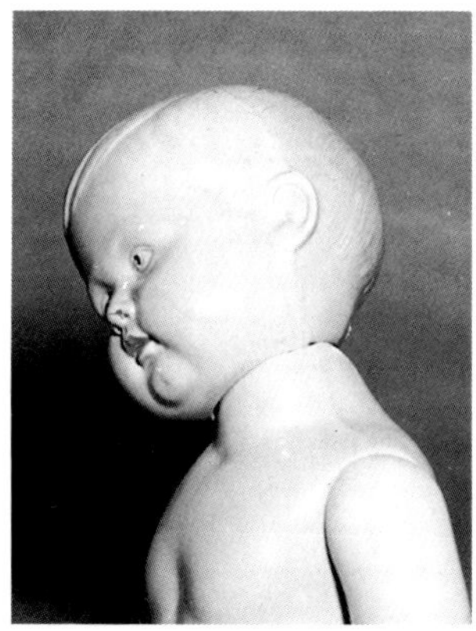

Um 1930 · mit Drehkopf (siehe Paul Hunaeus) · Körper und Glieder aus Zelluloid · Scheibengelenke · Kurbelkopf, drehbar auf dem fest mit dem Körper verbundenen Halszapfen · modellierte Haare · gemalte blaue Augen · offen-geschlossener Mund
28 cm · Preisgruppe F

Halsmarke:	Schildkröte in Raute Germany
Körpermarke:	Schildkröte in Raute[1)] 28 Germany D.R.P.

[1)] altes Zeichen

Zeichen ab 1930. Die Füße der Schildkröte sind nach hinten gebogen.

Heutiges Zeichen der Firma Schildkröt-Puppen GmbH, Kaufbeuren.

Lockenfrisur) kam, erfreuten sich immer wachsender Beliebtheit. Sie wurden alle bis in die fünfziger Jahre produziert und gelten heute wohl als die «typischen Schildkrötpuppen». Sie waren ganz aus Zelluloid mit geprägten Haaren, beweglichen Gliedern und je nach Größe mit unbeweglichem oder beweglichem Kopf. Es gab sie in den verschiedensten Ausführungen und Größen (*Strampelchen* und *Christel* auch als Negerversion).

In den Jahren zwischen 1939 und Kriegsende stellte die «Rheinische» wieder einmal auf Kriegsproduktion um und konnte erst danach wieder normal produzieren. Ab Mitte der fünfziger Jahre fertigte sie hauptsächlich Puppen aus den zelluloidähnlichen Kunststoffen Cellidor und Tortulon. Das bekannteste Modell aus dieser Serie ist wohl der Puppentyp *Ursel* (mit moderner Kurzhaarfrisur). Charakteristisch für alle Puppen aus Tortulon und Cellidor sind sehr schlanke Puppenkörper und Arme immer auf Kugelgelenk (statt Scheibengelenk).

Zwischen 1955 und 1961 fertigte die «Rheinische» zwei verschiedene Modelle für Käthe Kruse. Diese Puppen waren aus Tortulon hergestellt, mit der Schildkrötmarke und dem Zusatz «Modell Käthe Kruse» signiert und wurden nur von der «Rheinischen» vertrieben. Die Schildkrötpuppen «Modell Käthe Kruse» waren jedoch kein Erfolg, und so stellte man die Produktion etwa 1961 wieder ein.

Im Sommer 1963 wurde die gesamte Zelluloidanlage der «Rheinischen» abgebaut, und 1966 erfolgte die Umbenennung in «Schildkröt AG». Der heutige Sitz des Unternehmens ist Kaufbeuren im Allgäu. Dort entstehen vor allem Puppen aus Vinyl, aber seit einigen Jahren auch Repliken der Brustkopfpuppe von 1926 und der beliebten Puppentypen *Inge, Hans, Bärbel* und *Erika*. Diese Repliken sind nicht mehr aus Zelluloid, sondern aus Cellidor gefertigt, sie sind nur in Größe 46 erhältlich, haben moderne feststehende Schalenaugen und sind mit dem heutigen Schildkrötzeichen gemarkt. Der Sammler kann eine solche Replik leicht von einer Originalpuppe gleichen Typs aus Zelluloid unterscheiden.

Schildkröt-Bilderbücher: «Im Kinderland» (erschien 1933) und «Die Sternenfahrt der Schildkröt-Kinder» (siehe auch Seite 123).

«Rodler» 1909 · Zelluloidpuppe · bewegliche Arme und Beine · Scheibengelenke · feststehender Kopf · geprägte Haare · braune gemalte Augen · geschlossener Mund · geprägte Kleidung (Rollkragenpullover, Strickhose, gerippte Kniestrümpfe, Schuhe)
18 cm · Preisgruppe G

Körpermarke: Schildkröte o. Raute
SCHUTZMARKE
18
GERMANY

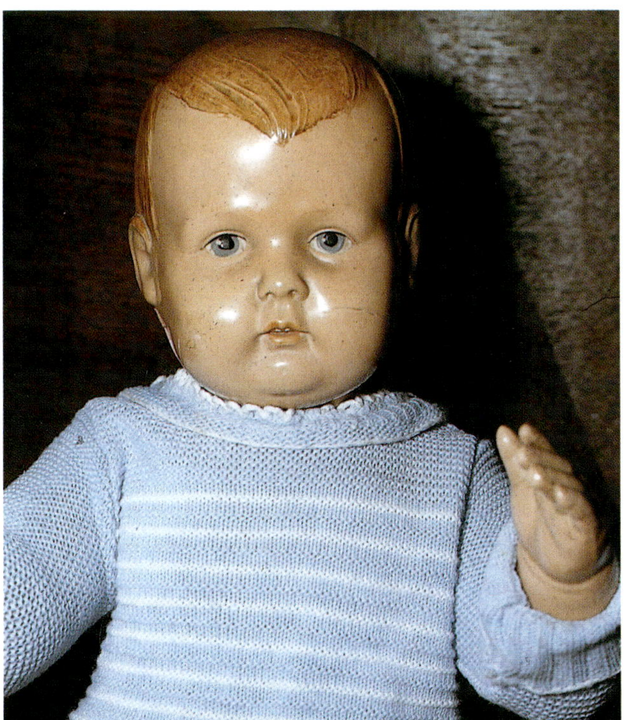

Sitzbaby 1930 · Bewegliche Arme und Beine · Scheibengelenke · Kurbelkopf · geprägte blaue Augen · offen-geschlossener Mund mit zwei gemalten Zähnchen · (siehe auch Paul Hunaeus)
35 cm · Preisgruppe E

Halsmarke: 35
Schildkröte in Raute

Körpermarke: Schildkröte in Raute
35

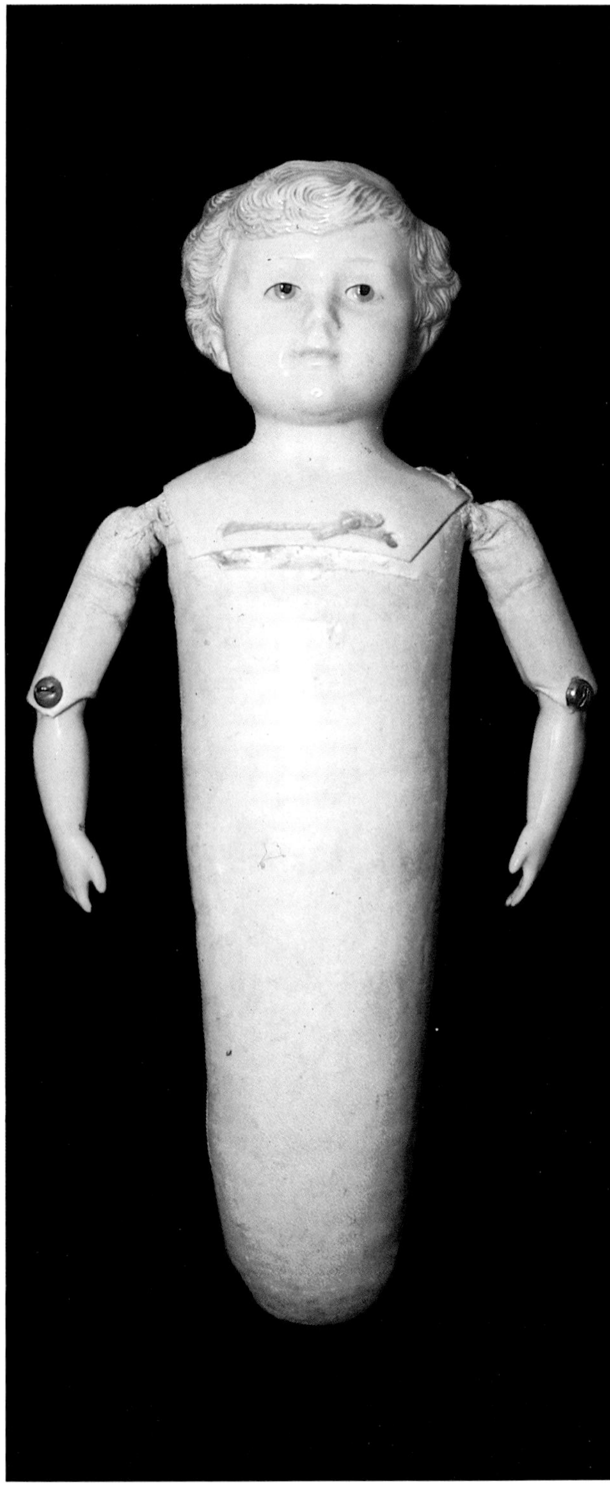

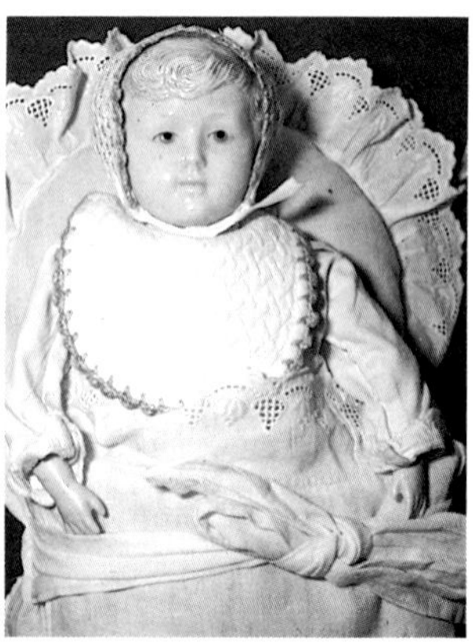

«Fatschen-(Wickel-)Kindl» um 1896/1900 · Ziegenlederstumpf · Zelluloidarme mit Ellbogengelenken · Zelluloidschulterkopf mit modellierten Haaren · gemalte Augen · geschlossener Mund
30 cm · Preisgruppe K

Halsmarke: Schildkröte o. Raute SCHUTZ-MARKE 10

Stehpuppe um 1900 · Junge, ganz aus Zelluloid · Kopf, Körper und Beine an einem Stück · nur Arme beweglich · stämmiger, rundlicher Kinderkörper mit dickem «Bäuchlein» und ebensolchem Hinterteil · modellierte Haare · gemalte Augen · geschlossener Mund 42 cm · Preisgruppe J

Körpermarke: SCHUTZ-MARKE
Schildkröte o. Raute

Stehpuppen um 1900

Mitte: Mädchen · ganz aus Zelluloid · geprägte Schuhe und Strümpfe · nur Arme beweglich · modellierte Haare · gemalte Augen · geschlossener Mund 13 cm · Preisgruppe E

Körpermarke: Schildkröte o. Raute
SCHUTZ-MARKE
13

Links: Mädchen · unbeweglich · geprägte Schuhe und Strümpfe · modellierte Haare · gemalte Augen · geschlossener Mund
7 cm · Preisgruppe B

Körpermarke: Schildkröte o. Raute
SCHUTZ-MARKE

Rechts: Junge · unbeweglich · gemalte Schuhe und Strümpfe · modellierte Haare · gemalte Augen · geschlossener Mund
7,5 cm · Preisgruppe B

Körpermarke: Schildkröte o. Raute
7½
GERMANY

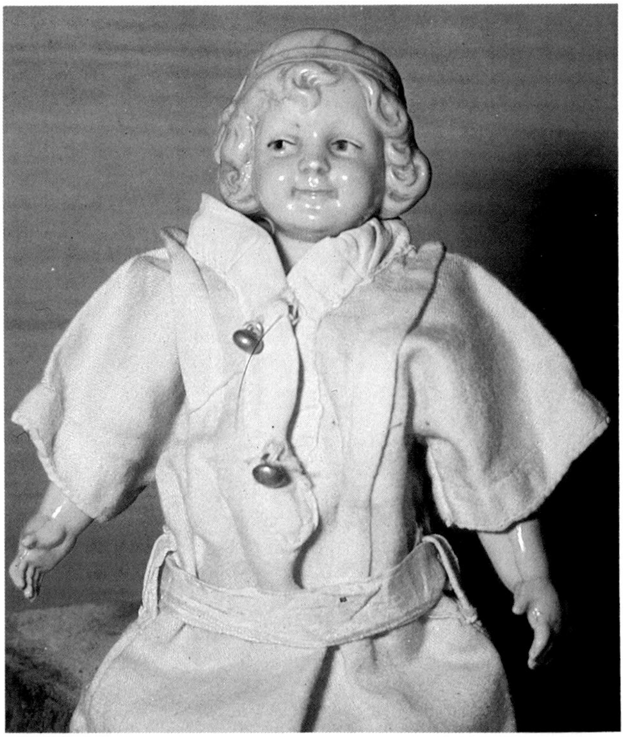

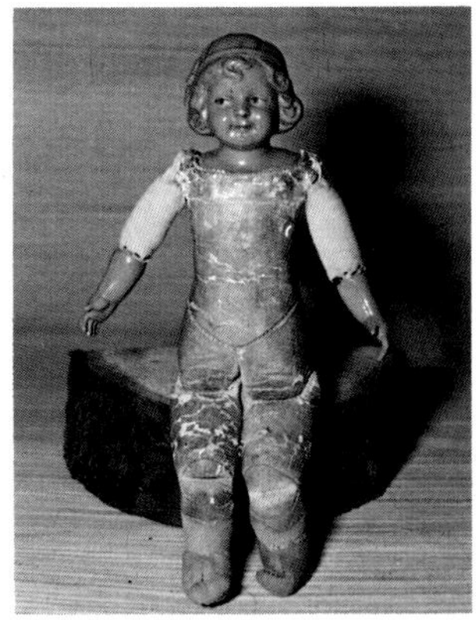

Um 1910 · Lederkörper mit Universalgelenken · Kniegelenke mit Zwickel · Zelluloidunterarme ohne Ellbogengelenke · Zelluloidschulterkopf mit modellierten Haaren · modelliertes Haarband mit Schleife · gemalte Augen · geschlossener Mund
25 cm · Preisgruppe G

	Schildkröte m. Raute[1]
Halsmarke:	Germany
	4

[1] altes Zeichen

Um 1900 · Stoffkörper · Kniegelenke mit Zwickel · Zelluloidunterarme ohne Ellbogengelenke · Miblu-Schulterkopf · blonde Mohairperücke · braune Schlafaugen · modellierte Augenbrauen · offener Mund mit Zelluloidzähnchen
47 cm · Preisgruppe G

	Schildkröte o. Raute
Halsmarke:	SCHUTZ-MARKE
	13

Seite 94: Stehpuppen um 1900

Vorne: Ganz aus Zelluloid · nur Arme beweglich · modellierte Haare · gemalte Augen · geschlossener Mund
14 cm · Preisgruppe F

	Schildkröte o. Raute
Körpermarke:	SCHUTZ-MARKE
	14

Hinten: Gleiche Ausführung
22,5 cm · Preisgruppe E

	Schildkröte o. Raute
Körpermarke:	SCHUTZ-MARKE
	22½

Um 1900 · Stoffkörper mit abgenähten Gelenken · Zelluloidunterarme mit brauner Echthaarperücke · feststehende braune Glasaugen · modellierte Augenbrauen · offener Mund mit Zelluloidzähnchen
42 cm · Preisgruppe G

Halsmarke: Germany
Schildkröte o. Raute
SCHUTZ-MARKE
11½

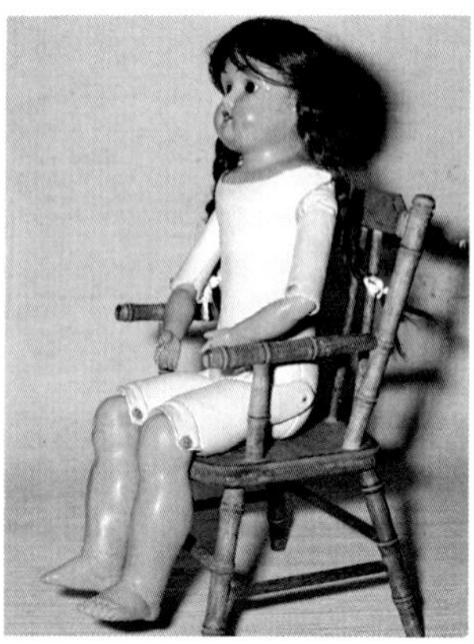

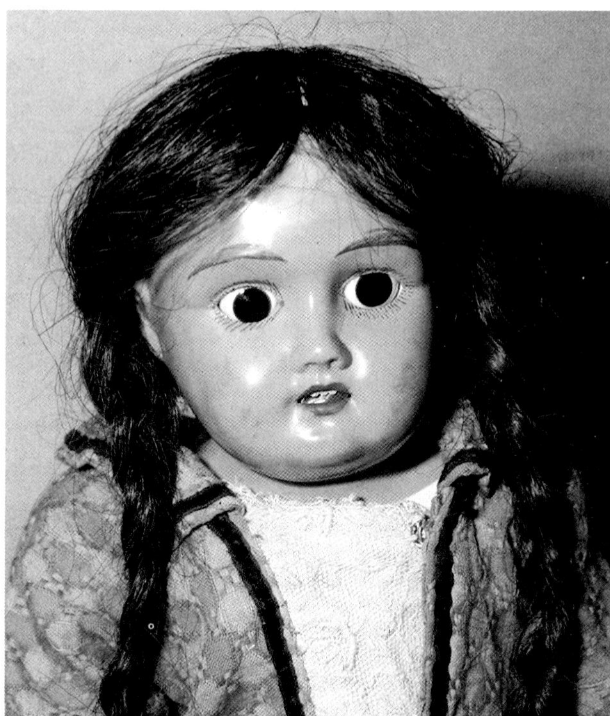

Um 1910 · Lederkörper mit Universalgelenken · Unterarme und Unterschenkel aus Zelluloid · Zelluloidschulterkopf · braune echthaarperücke · braune Schlafaugen · modelliert Augenbrauen · offener Mund mit Zelluloidzähnchen
52 cm · Preisgruppe J

Halsmarke: Germany
Schildkröte in Raute[1]
14

[1] altes Zeichen

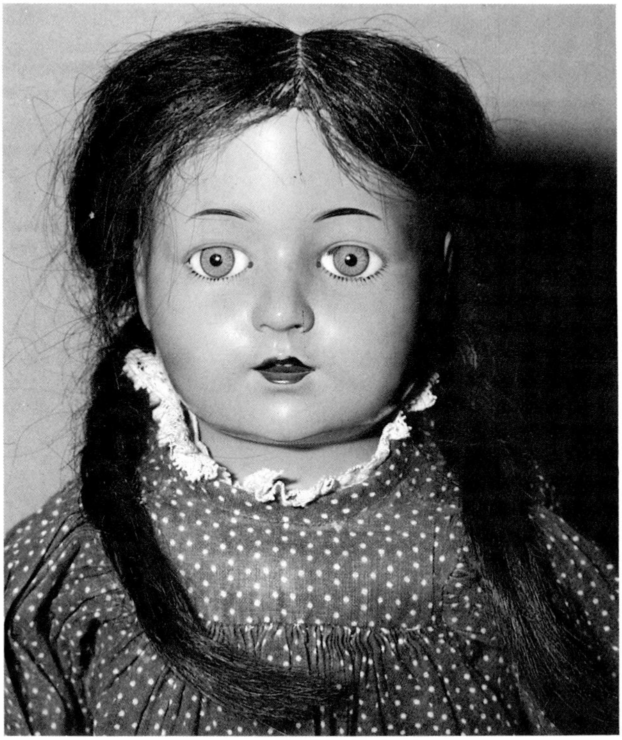

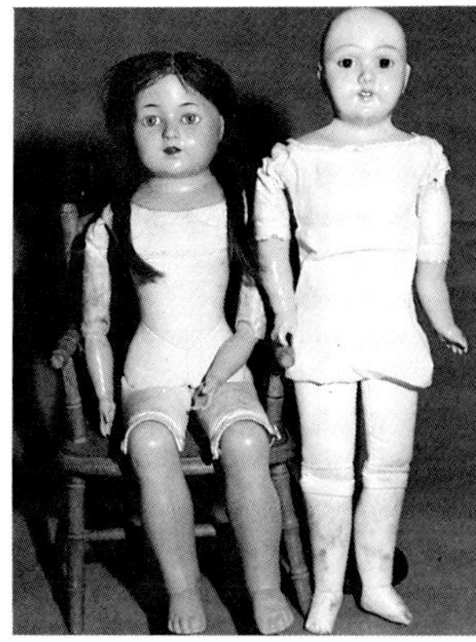

Kleines Bild:

Links: 1926 · Lederkörper mit Universalgelenken · Unterarme und Unterschenkel aus Zelluloid · Zelluloidschulterkopf
53 cm · Preisgruppe H

Rechts: Um 1899 · Lederkörper mit abgenähten Gelenken · Unterarme aus Zelluloid (ohne Ellbogengelenke) · oben geschlossener Zelluloidschulterkopf
52 cm · Preisgruppe J

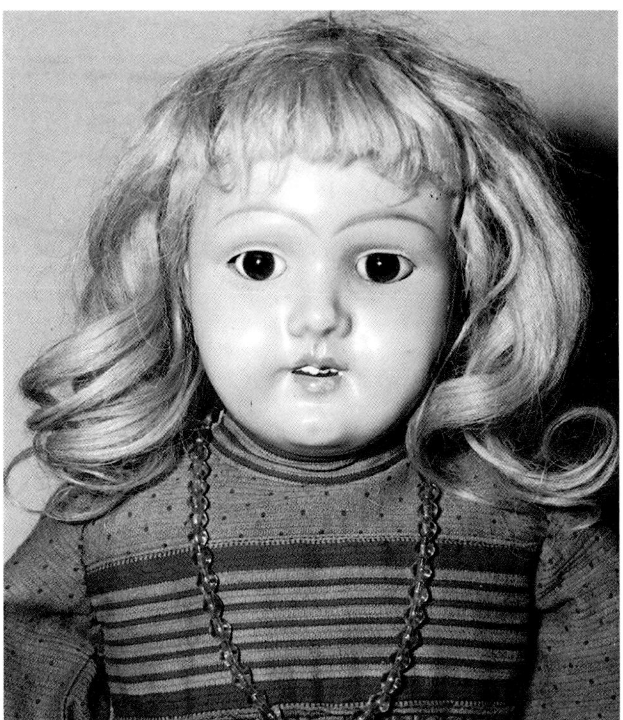

Oben, großes Bild: Braune Echthaarperücke · blaue Schlafaugen mit beweglichen Lidern aus Zelluloid · feststehende Augäpfel · offener Mund mit Zelluloidzähnchen

Halsmarke: Schildkröte in Raute[1]
Germany
14
1926

[1] altes Zeichen

Unten: Blonde Mohairperücke · feststehende braune Glasaugen · offener Mund mit Zelluloidzähnchen

Halsmarke: SCHUTZ-MARKE
Schildkröte o. Raute
15

Seite 98: Um 1910 · Lederkörper mit Universalgelenken · Unterarme und Unterschenkel aus Zelluloid · Zelluloidschulterkopf · blonde Mohairperücke · braune Schlafaugen · offener Mund mit Zelluloidzähnchen
52 cm · Preisgruppe J

Halsmarke: Germany
Schildkröte in Raute[1]
SCHUTZ-MARKE
14

Seite 99: «Kaiserbaby» um 1910 · Sitzbaby, ganz aus Zelluloid · Arme und Beine auf Scheibengelenken · feststehender Kopf · gemalte Haare · geprägte blaugraue Augen (ohne Augenweiß) · offen-geschlossener Mund mit modellierter Zunge
22 cm · Preisgruppe F
Körpermarke: Schildkröte o. Raute
SCHUTZ-MARKE
22
Germany

«Kaiserbabys», alle um 1910 · Die von Kämmer & Reinhardt entworfene und von der «Rheinischen» als Zelluloidversion herausgebrachte Babypuppe wurde in Sammlerkreisen als «Kaiserbaby» bekannt. Hier ein Gruppenbild dieses Puppentyps.

1. 16,5 cm · Preisgruppe E
Körpermarke: Schildkröte o. Raute
SCHUTZMARKE
16½
Germany

2. Babykörper · Arme und Beine mit Scheibengelenken · feststehender Kopf · geprägte dunkle Augen ohne Augenweiß · offen-geschlossener Mund mit modellierter Zunge
11 cm · Preisgruppe C
Körpermarke: Schildkröte o. Raute
SCHUTZMARKE
11
Germany

3. 9,5 cm · Preisgruppe B
Körpermarke: Schildkröte o. Raute
9½
Germany

4., **6.** Zwei Babys · 7,5 cm · Preisgr. A
Körpermarke: Schildkröte in Raute[1]
SCHUTZMARKE
7½
Germany

5. 14 cm · Preisgruppe D
Körpermarke: Schildkröte in Raute[1]
SCHUTZMARKE
14
Germany

7., **8.**: Beschreibung linke Spalte unten und Seite 101 oben

[1] altes Zeichen

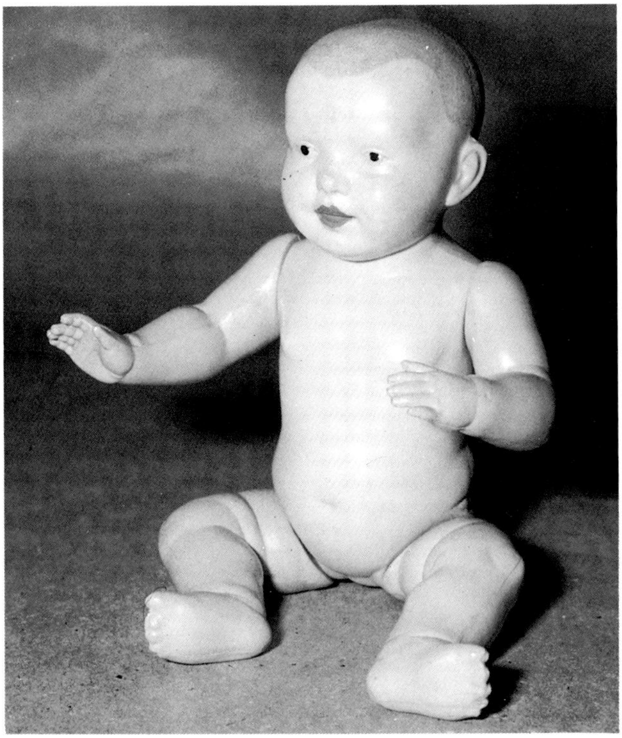

«Kaiserbaby» um 1910 · Babykörper · Arme und Beine beweglich · feststehender Kopf · leicht modellierte Haare · geprägte dunkle Augen ohne Augenweiß · offen-geschlossener Mund mit modellierter Zunge
20 cm · Preisgruppe F
Körpermarke: Schildkröte o. Raute
SCHUTZ-MARKE
20
Germany

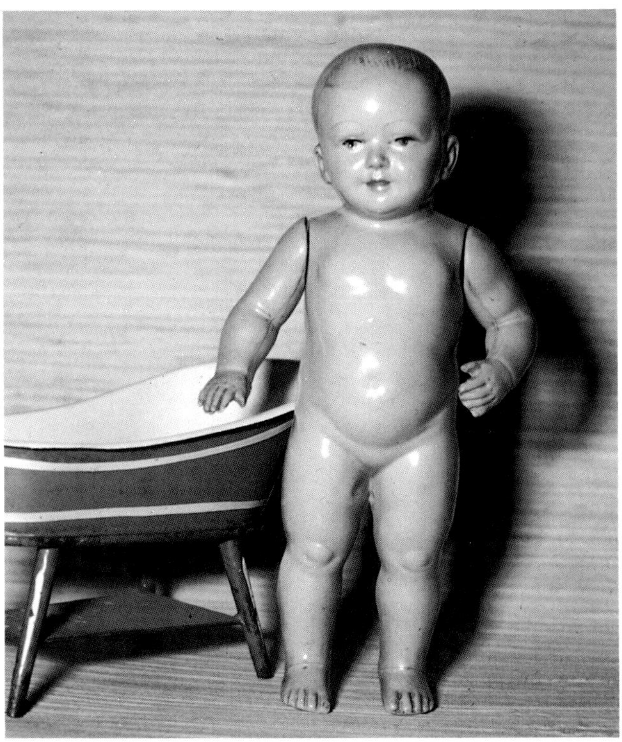

Das «Kaiserbaby» als Stehpuppe um 1910 · Puppe ganz aus Zelluloid · nur Arme beweglich · Kopf, Rumpf und Beine an einem Stück · Kopf leicht nach rechts geneigt · leicht geprägte Haarsträhnen · geprägte blaue Augen · offen-geschlossener Mund mit modellierter Zunge
20 cm · Preisgruppe F
Körpermarke: Schildkröte in Raute[1)]
SCHUTZ-MARKE
20
Germany

[1)] altes Zeichen

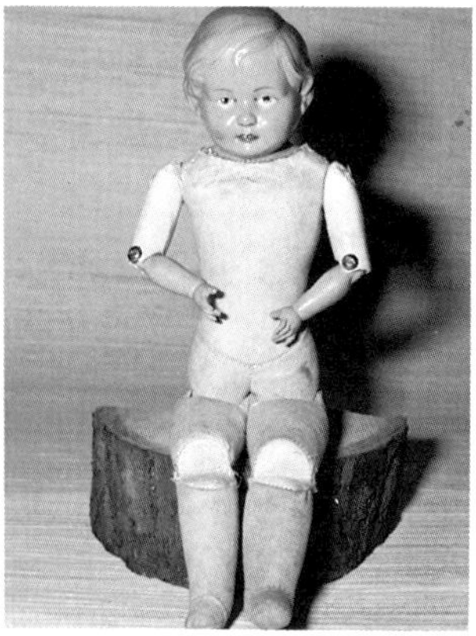

Um 1910/15 · Stoffkörper mit Universalgelenken · Kniegelenke mit Zwickel · Zelluloidunterarme mit Ellbogengelenken · Zelluloidschulterkopf mit modellierten Haaren · geprägte Augen · offener Mund mit Zelluloidzähnchen
33 cm · Preisgruppe G

Halsmarke: Schildkröte in Raute[1)]
10

[1)] altes Zeichen

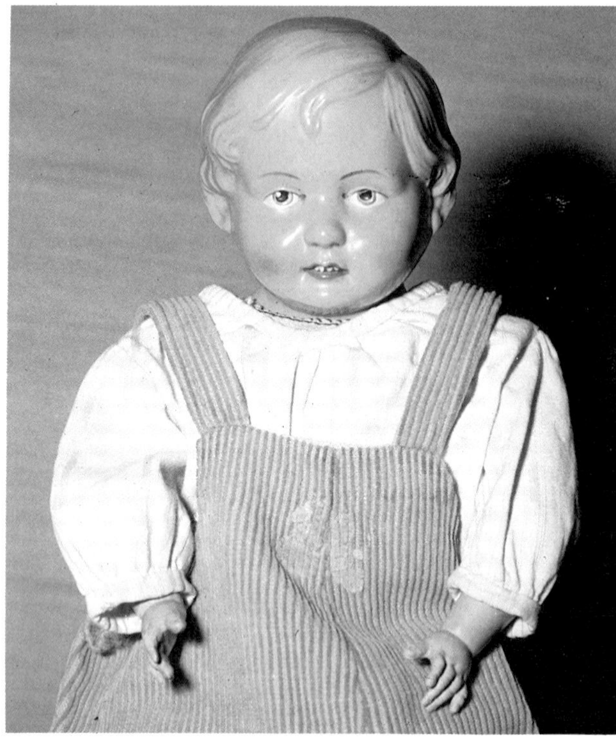

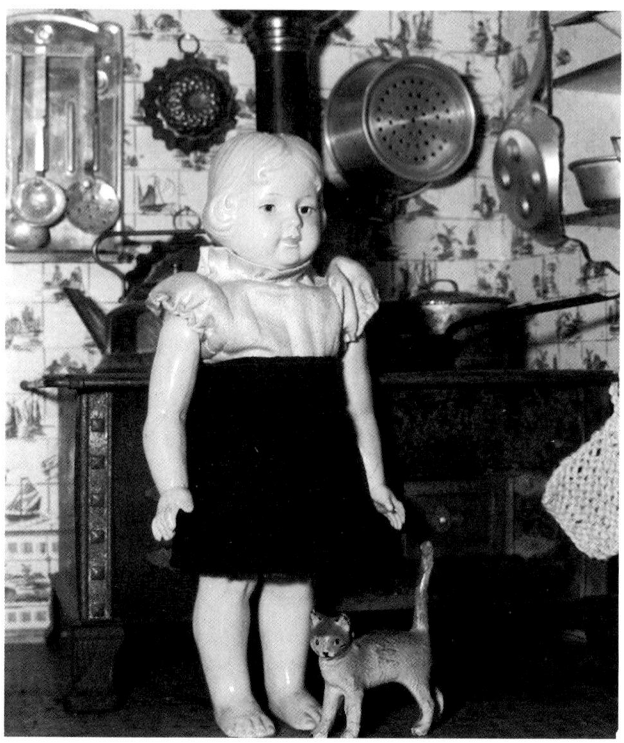

Stehpuppe um 1920 · Mädchen, ganz aus Zelluloid · Kopf, Körper und Beine an einem Stück · nur Arme beweglich · modellierte Haare · gemalte Augen · geschlossener Mund
18,5 cm · Preisgruppe E

Körpermarke: Schildkröte in Raute[1)]
SCHUTZ-MARKE
18½

[1)] altes Zeichen

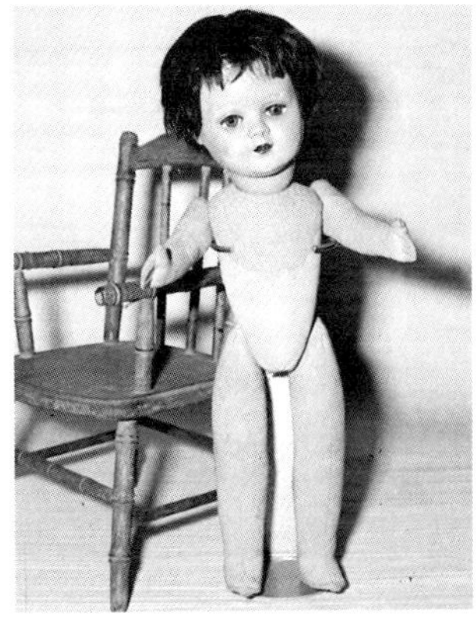

1918 · Stoffkörper mit Zelluloidkurbelkopf · braune Mohairperücke · blaue Schlafaugen mit Wimpern · offener Mund mit Zelluloidzähnchen · Kleidung original
40 cm · Preisgruppe G

Halsmarke: Schildkröte in Raute[1)]
SCHUTZMARKE
11½
Germany
1918

[1)] altes Zeichen

«Klein-Ella» · um 1920 · Compositionkörper und -glieder · Miblu-Kurbelkopf aus Zelluloid · Perücke · braune Schelmenaugen · offener Mund mit Zelluloidzunge und zwei Zelluloidzähnchen
45 cm · Preisgruppe G

Halsmarke: Schildkröte in Raute[1)]
Germany
40

[1)] altes Zeichen

RHEINISCHE

Um 1920/25 · Stoffkörper · Arme und Beine beweglich auf Scheibengelenken · Zelluloidhände (drehbar) · Zelluloidkurbelkopf mit geprägten Haaren · geprägte blaue Augen · offen-geschlossener Mund
26 cm · Preisgruppe F

Halsmarke: Schildkröte in Raute[1]
Germany
26
25

[1] altes Zeichen

Denselben Puppentyp gab es von Steiff, nur ist der Körper ganz aus Filz (aber auch beweglich) und der Kurbelkopf aus Zelluloid mit gemalten Augen, später auch mit feststehenden Glasaugen.
Die «Rheinische» lieferte erstmals zwischen 1922 und 1925 Kopfrohlinge an die Firma Steiff. Das besondere Kennzeichen dieses Kopfes: Der Hinterkopf war wie ein Deckel abzunehmen, damit der Miblu-Kurbelkopf von innen bemalt und danach wieder verschlossen werden konnte.
Diese sogenannte «Schlopsnies»-Puppe wurde bis in die dreißiger Jahre von Steiff verkauft. Sie trägt am Hals die Schildkrötmarke (altes Zeichen) und wurde nur in einer Größe – 40 cm – hergestellt.

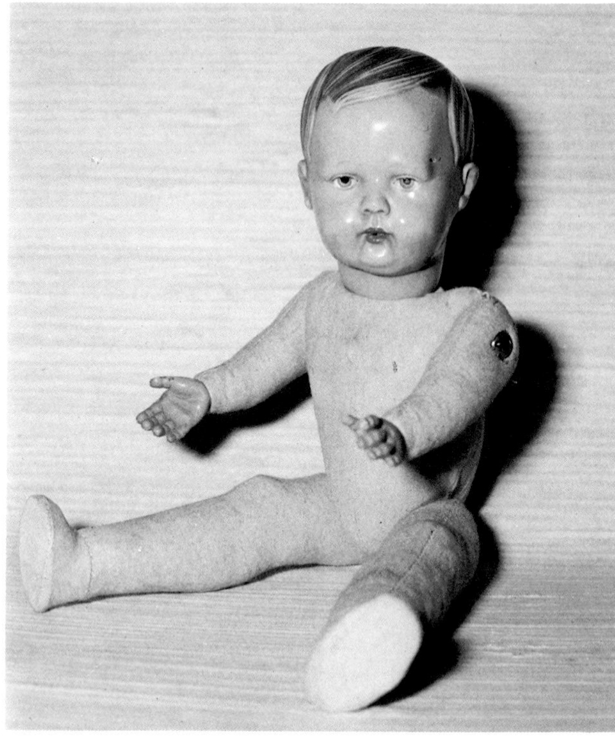

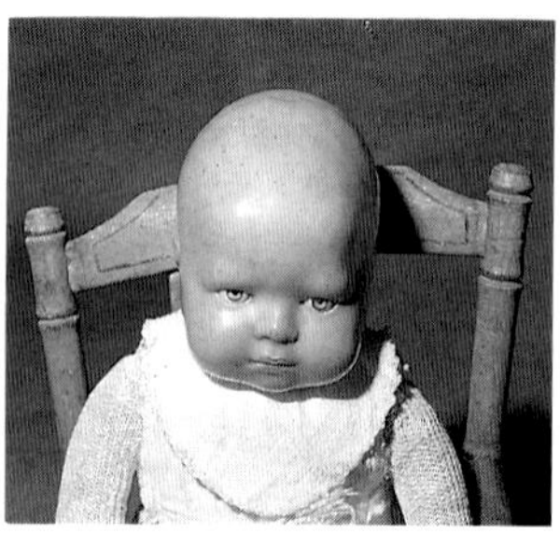

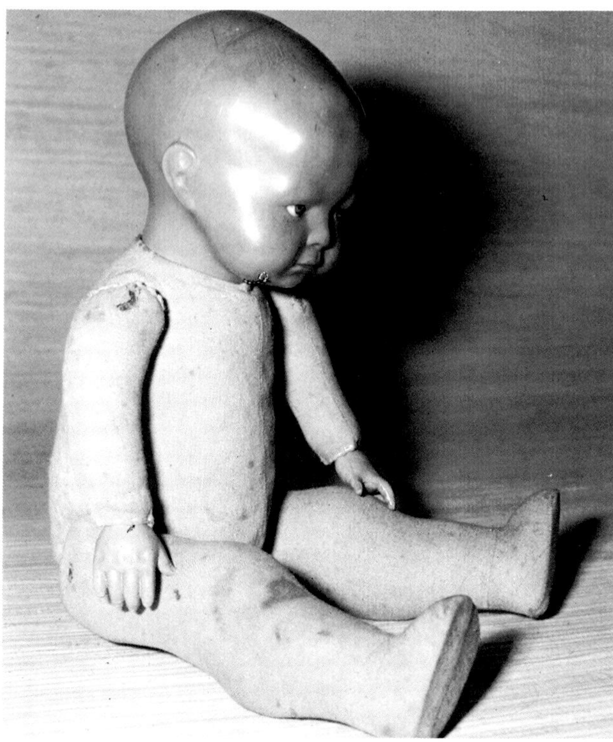

Um 1920 · Säuglingsbaby · Typ Bye-Lo-Baby · Stoffkörper · Arme und Beine beweglich auf Scheibengelenken · Zelluloidhände (drehbar) · Zelluloidringhalskopf, fast transparent mit schöner Bemalung · blaue Schlafaugen · geschlossener Mund
27 cm · Preisgruppe Lp

Halsmarke: Schildkröte in Raute[1]
103

[1] altes Zeichen

Das Modell Nr. 103 wurde auch als Kurbelkopf hergestellt.

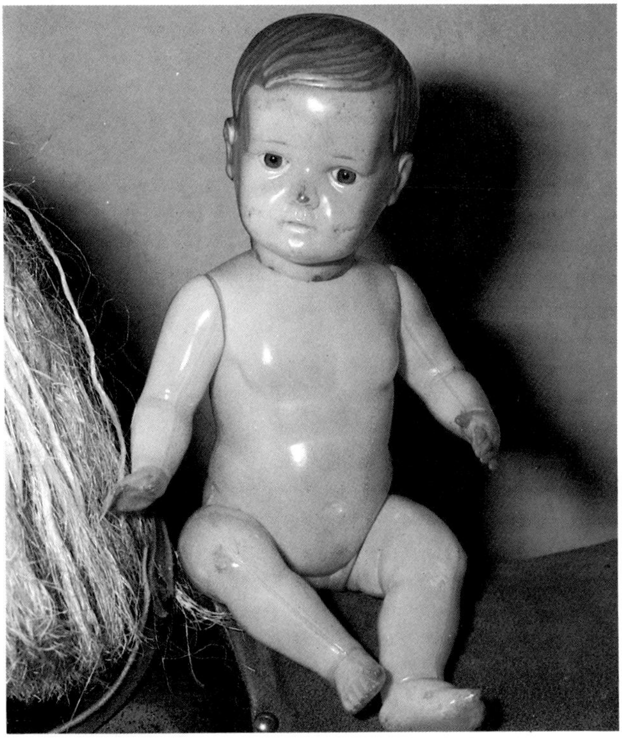

Sitzbaby um 1920 · ganz aus Miblu · durchscheinend · Arme und Beine mit Scheibengelenken · Kurbelkopf · geprägte braune Haare · feststehende braune Glasaugen · offen-geschlossener Mund
30 cm · Preisgruppe G

Halsmarke: Schildkröte in Raute[1)]
Germany
30
25

Körpermarke: Schildkröte in Raute[1)]
30
Germany
25

[1)] altes Zeichen

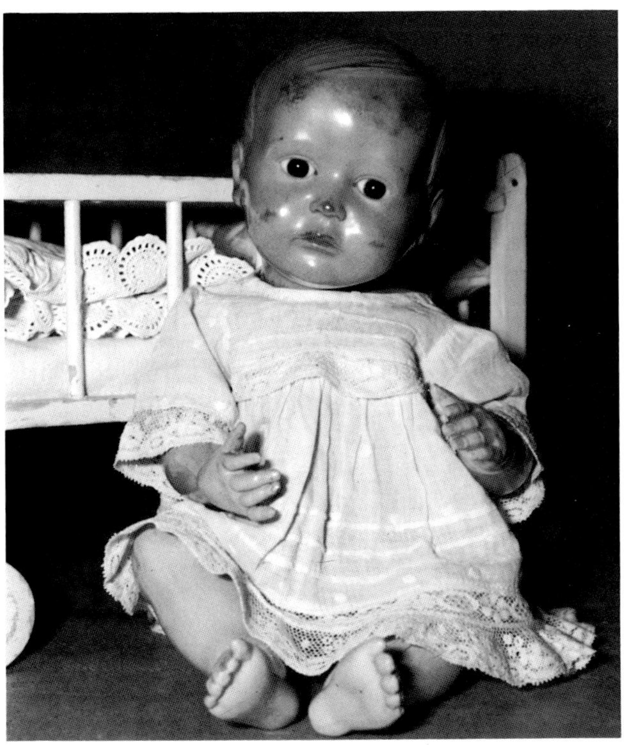

Babypuppe von 1927 mit melancholischem Blick · Körper und Glieder aus Zelluloid · Scheibengelenke · Miblu-Kurbelkopf · feststehende braune Glasaugen · geschlossener Mund · heruntergezogene Mundwinkel
35 cm · Preisgruppe G

Halsmarke: Schildkröte in Raute[1)]
Germany
35
1927

Körpermarke: Schildkröte in Raute[1)]
35
Germany
25[2)]

[1)] altes Zeichen [2)] = Körperlänge ohne Kopf

Babypuppe um 1930 · Körper und Glieder aus Zelluloid · Zelluloidkurbelkopf · modellierte Haare · geprägte blaue Augen · offen-geschlossener Mund
42 cm · Preisgruppe F

Hals- und Körpermarke:	Schildkröte in Raute[1] 39/42

[1] altes Zeichen

Babypuppe um 1925 · Stoffkörper aus Trikot · modellierte Pobacken · Beine mit Scheibengelenken · Arme mit Holzkugelgelenken · Ringhalskopf aus Zelluloid · leicht modellierte Haare · blaue Schelmenaugen · offener Mund · Quietschstimme
45 cm · Preisgruppe F

Halsmarke:	Schildkröte in Raute[1] 106/45 Germany

[1] altes Zeichen

Seite 107: Um 1930 · mit Drehkopf (siehe Paul Hunaeus) · Körper und Glieder aus Zelluloid · Scheibengelenke · Kurbelkopf, drehbar auf dem fest mit dem Körper verbundenen Halszapfen · modellierte Haare · gemalte blaue Augen · offen-geschlossener Mund
28 cm · Preisgruppe F

Halsmarke:	Schildkröte in Raute Germany
Körpermarke:	Schildkröte in Raute[1] 28 Germany D.R.P.

[1] altes Zeichen

RHEINISCHE

Um 1920 · Körper und Glieder aus Zelluloid · Scheibengelenke · Kurbelkopf · modellierte Haare · geprägte blaue Augen · offen-geschlossener Mund
28 cm · Preisgruppe F

Halsmarke: Schildkröte in Raute[1)]
Germany
28
25

Körpermarke: Schildkröte in Raute[1)]
SCHUTZ-MARKE
28
Germany
25

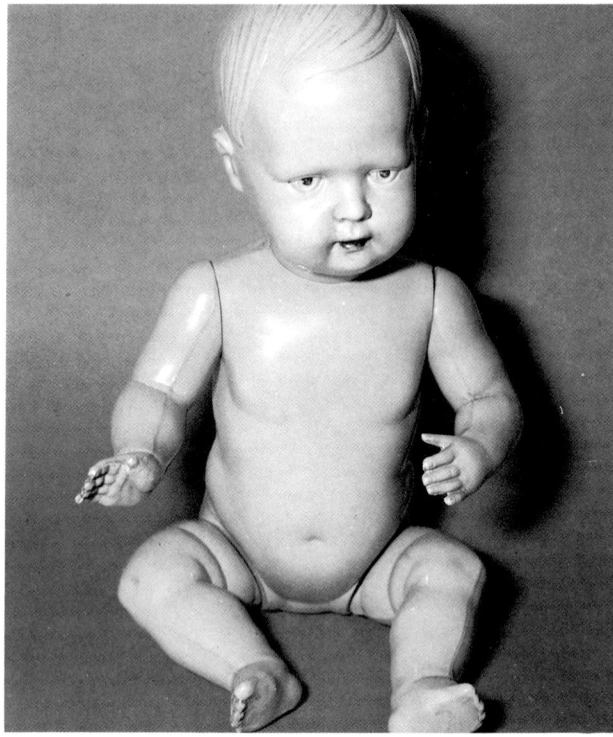

Unten rechts: Um 1928 · Scheibengelenke · feststehender Kopf · geprägte Haare · gemalte blaue Augen · modellierte Hemdhose
20 cm · Preisgruppe E

Körpermarke: Schildkröte in Raute[1)]
20

[1)] altes Zeichen

Um 1920 · Entspricht dem amerikanischen Puppentyp «Campbell-Kid» · Scheibengelenke · feststehender Kopf · modellierte Haare · gemalte, seitwärts blickende Augen · modellierte Schuhe und Söckchen
14 cm · Preisgruppe E

Körpermarke: Schildkröte in Raute[1)]
Germany
14

[1)] altes Zeichen

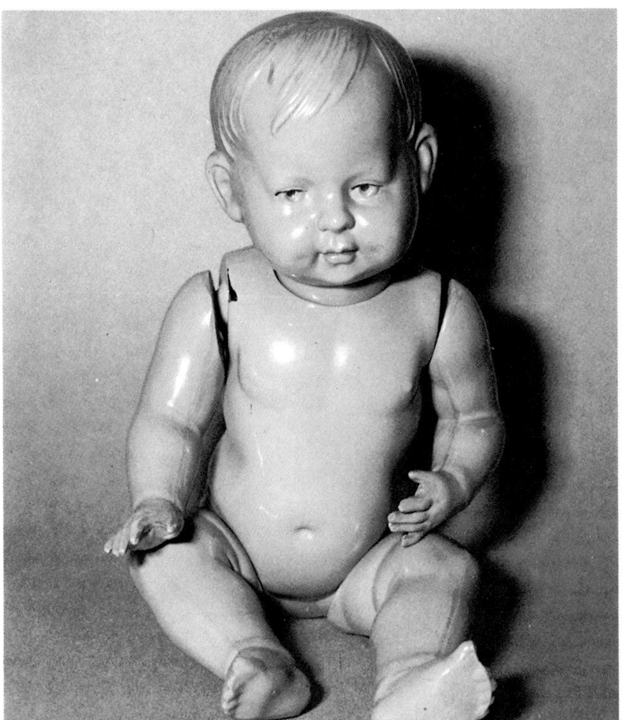

Puppe links im Bild: Um 1915 · Körper und Glieder aus Zelluloid · Scheibengelenke · feststehender Kopf · modellierte Haare · geprägte blaue Augen · offen-geschlossener Mund
22,5 cm · Preisgruppe F

Körpermarke: Schildkröte in Raute[1)]
22½
Germany

Puppe rechts im Bild und unten: Um 1915 · Körper und Glieder aus Zelluloid · Scheibengelenke · Zelluloidkurbelkopf · modellierte Haare · geprägte blaue Augen · offen-geschlossener Mund
24 cm · Preisgruppe F

Halsmarke: Schildkröte in Raute
Germany
24

Körpermarke: Schildkröte in Raute[1)]
SCHUTZ-MARKE
24
Germany

[1)] altes Zeichen

Googlie-Puppen um 1925

Links im Bild und unten: Gedrungener, grotesker Körper mit übergroßen Füßen · Kopf und Beine feststehend · «Seesternhände» · modellierte Haare mit Schleife · gemalte, seitwärts blickende Augen mit schwarzer Iris

Rechts im Bild: Wie oben · modellierte Haare mit Schwänzchen nach oben (Schleife kann eingebunden werden)
17 cm · Preisgruppe E
Körpermarke: Schildkröte in Raute[1]
17
Germany

Seite 111: Kewpie-Puppe um 1920 · Kopf, Rumpf und Beine aus einem Stück · dicker Bauch · Arme beweglich · modellierte Frisur · gemalte, seitwärts blickende Augen · geschlossener Mund · geprägte Kleidung
11 cm · Preisgruppe F
Körpermarke[2]: Schildkröte in Raute[1]
Germany
11

[1] altes Zeichen
[2] befindet sich auf dem Popo der Puppe

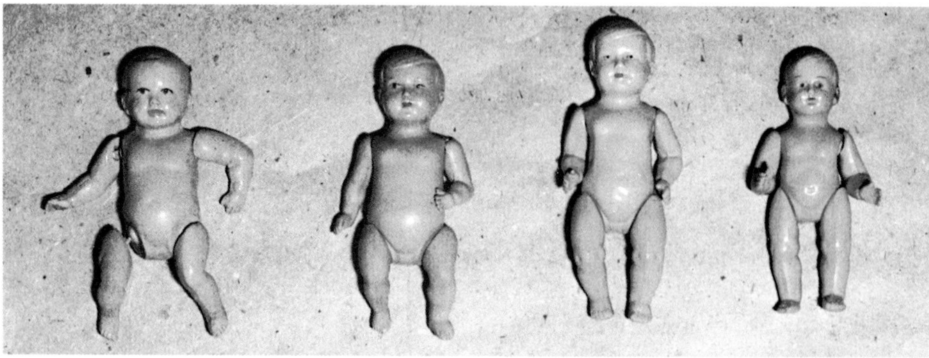

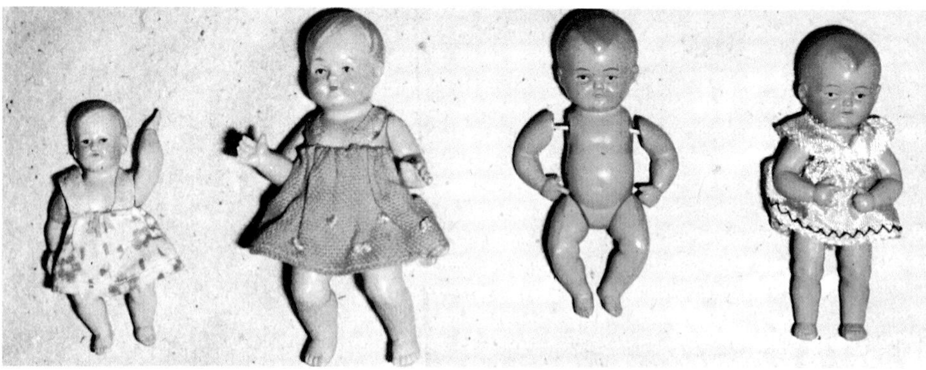

Entwicklungsphasen von Puppenstubenpüppchen mit krummen und geraden Beinen
6–9,5 cm · Preisgruppe A

Puppenstubenpüppchen um 1920/25 · Glieder auf Scheibengelenken · feststehender Kopf · geprägte Haare · gemalte Augen

1. 8,5 cm · Preisgruppe A
Körpermarke: Schildkröte in Raute[1)]
Germany
8½
1925

2. 8 cm · Preisgruppe A
Körpermarke: Schildkröte in Raute[1)]
8

3. 8 cm · Preisgruppe A
Körpermarke: Schildkröte in Raute[1)]
8

4. «Kaiserbaby»
7,5 cm · Preisgruppe A
Körpermarke: Schildkröte o. Raute
SCHUTZMARKE
7½
Germany

[1)] altes Zeichen

RHEINISCHE

«Anneliese» um 1926 · Diesen Puppentyp gab es mit und ohne Haarband in den Größen 9, 17, 24 cm.

Puppenstubenpüppchen «Anneliese» ohne Haarband · Glieder auf Scheibengelenken · feststehender Kopf · schön geprägte Haare · gemalte Augen · geprägte Strümpfe und Schuhe
9 cm · Preisgruppe B

Körpermarke: Schildkröte in Raute[1]
9
Germany

[1] altes Zeichen

«Brüderchen und Schwesterchen» · Puppe «Anneliese» mit Haarband · Glieder auf Scheibengelenken · feststehender Kopf · sehr schön geprägte Haare mit Band · gemalte Augen · geschlossener Mund · geprägte Strümpfe und Schuhe
17 cm · Preisgruppe E

Körpermarke: Schildkröte in Raute[1]
17

[1] altes Zeichen

Babypuppen um 1935

Links: Stoffkörper mit angenähten Wachstuchgliedern · Ringhalskopf aus Zelluloid · geprägte Haare · feststehende blaue Glasaugen · offen-geschlossener Mund
40 cm · Preisgruppe E

Halsmarke: Schildkrötmarke 107/40

Rechts: Stoffkörper · Ringhalskopf aus Zelluloid · geprägte Haare · feststehende blaue Glasaugen · offener Mund
40 cm · Preisgruppe E

Halsmarke: Schildkrötmarke 40

Babypuppe «Blondköpfchen» um 1935/40 · Sitzbaby · Glieder mit Scheibengelenken · Körper und Glieder sehr schön modelliert · «Speckfalten» · Kurbelkopf mit geprägten Haaren · blaue Schlafaugen mit Wimpern · offener Mund
56 cm · Preisgruppe F
Hals- und Körpermarke: Schildkröte in Raute 56

Seite 114: «Martha mit der Schildkröte» um 1925/30 · Zelluloidpüppchen mit beweglichen Gliedern auf Scheibengelenken · feststehender Kopf mit Mohairperücke · gemalte blaue Augen · geschlossener Mund · gemalte rote Schuhe mit weißen Söckchen
13,5 cm · Preisgruppe C

Körpermarke: Schildkröte in Raute[1] 13½

Die Schildkröte war ein Werbegeschenk der «Rheinischen» aus neuerer Zeit.
Marke: Schildkröte in Raute[2]

[1] altes Zeichen [2] neues Zeichen

Seite 116: «Margrit» um 1935/40 · Arme und Beine mit Scheibengelenken · Kurbelglattkopf · dunkle Mohairperücke · blaue Schlafaugen mit Wimpern · geschlossener Mund
25 cm · Preisgruppe E

Hals und Körpermarke:	Schildkröte in Raute 25

Dies Puppe wurde mit Zopf und Schillerlocken unter dem Namen «Margrit» verkauft, mit Kurzhaarperücke als «Ingrid». Die Modellierung von Körper und Gliedern erinnert sehr an einen K&R-Körper.

Der Zelluloidhund ist mit Schildkröte in Raute gemarkt.

«Ingrid» um 1935/40 · Beschreibung wie oben, nur blonde Mohairperücke und blaue Schelmenaugen
49 cm · Preisgruppe E

Halsmarke:	Schildkröte in Raute 350/49
Körpermarke:	Schildkröte in Raute 49

RHEINISCHE

Negerpuppen um 1948

Links: Hellbraunes Zelluloid · Arme und Beine mit Scheibengelenken · feststehender Kopf · modellierte Kraushaare · gemalte braune Augen · durchstochene Ohrläppchen · geschlossener Mund
28,5 cm · Preisgruppe E

Halsmarke: Schildkröte in Raute 28½

Rechts: Dunkelbraunes Zelluloid · Arme und Beine mit Scheibengelenken · feststehender Kopf · modellierte Kraushaare · gemalte braune Augen · durchstochene Ohrläppchen · geschlossener Mund
22,5 cm · Preisgruppe E

Körpermarke: Schildkröte in Raute 22½

Negerpuppen «Mambi» 1948 · Zelluloid · Arme und Beine mit Scheibengelenken · feststehender Kopf · modellierte Kraushaare · gemalte braune Augen · durchstochene Ohrläppchen · geschlossener Mund

Links: 13,5 cm · Preisgruppe C
Körpermarke: Schildkröte in Raute 13½

Mitte: 22,5 cm · Preisgruppe E
Körpermarke: Schildkröte in Raute

Rechts: 27,5 cm · Preisgruppe E
Körpermarke: Schildkröte in Raute

Seite 119: «Mambi»-Pärchen 1948

Mädchen: Braunes Zelluloid · Arme und Beine mit Scheibengelenken · Kurbelkopf mit schwarzer Mohairperücke · feststehende braune Glasaugen · geschlossener Mund
34 cm · Preisgruppe F

Halsmarke: Schildkröte in Raute 32/34

Körpermarke: Schildkröte in Raute 34

Junge: Dunkelbraunes Zelluloid · Arme und Beine mit Scheibengelenken · Kurbelkopf mit modellierter Kraushaarfrisur · feststehende braune Glasaugen · geschlossener Mund
41 cm · Preisgruppe F

Halsmarke: Schildkröte in Raute 35/39

Körpermarke: Schildkröte in Raute 41

RHEINISCHE

Vier Zelluloidpüppchen mit feststehendem Kopf

Vorne: «Anneliese» um 1926 · Arme und Beine beweglich · modellierte Haare mit Haarband (wurde auch ohne Haarband geliefert) · gemalte Augen · modellierte Schuhe und Söckchen
17 cm · Preisgruppe E

Körpermarke: Schildkröte in Raute[1] 17 Germany

Mitte links: «Inge» um 1940 · Arme und Beine beweglich · geprägte Haare · gemalte Augen
20 cm · Preisgruppe C

Körpermarke: Schildkröte in Raute 18½/19

Mitte rechts: Um 1935 · Arme und Beine beweglich · Mohairperücke · gemalte Augen · geprägte Schuhe und Söchchen
16 cm · Preisgruppe C

Körpermarke: Schildkröte in Raute 16

Hinten: «Bärbel» um 1935 · Arme und Beine beweglich · geprägte Haare · gemalte Augen
18 cm · Preisgruppe E

Körpermarke: Schildkröte in Raute 18½/19

[1] altes Zeichen

Um 1935/40 · Stoffkörper mit Zelluloidgliedern · Zelluloidkurbelkopf · schwarze Mohairperücke · blaue Schlafaugen · offener Mund · modellierte Zunge · Zelluloidzähnchen
40 cm · Preisgruppe E

Halsmarke: Schildkröte in Raute 40

Oben: Püppchen um 1940/50 · bewegliche Glieder · feststehende Köpfe · geprägte Haare · gemalte Augen · Größen von links nach rechts (cm): 13,5 · 14 · 12,5 · 9,5 · 12,5 · 14
Preisgruppe B/C
Marken: Schildkröte in Raute, Größe

Unten: Puppe und Bären um 1950 · Puppe mit modelliertem Trägerhöschen (hellblau oder rosa) · Arme und Beine auf Scheibengelenken· feststehender Kopf · geprägte Haare · gemalte, seitwärts blickende blaue Augen · gemalte Schuhe und Strümpfe
17 cm · Preisgruppe D
Marke: Schildkröte in Raute, Größe
Teddybären in rosa und hellblau · bewegliche Glieder · feststehender Kopf · gemalte, seitwärts blickende Augen
13,5 cm · Preisgruppe C
Marken: Schildkröte in Raute, Größe

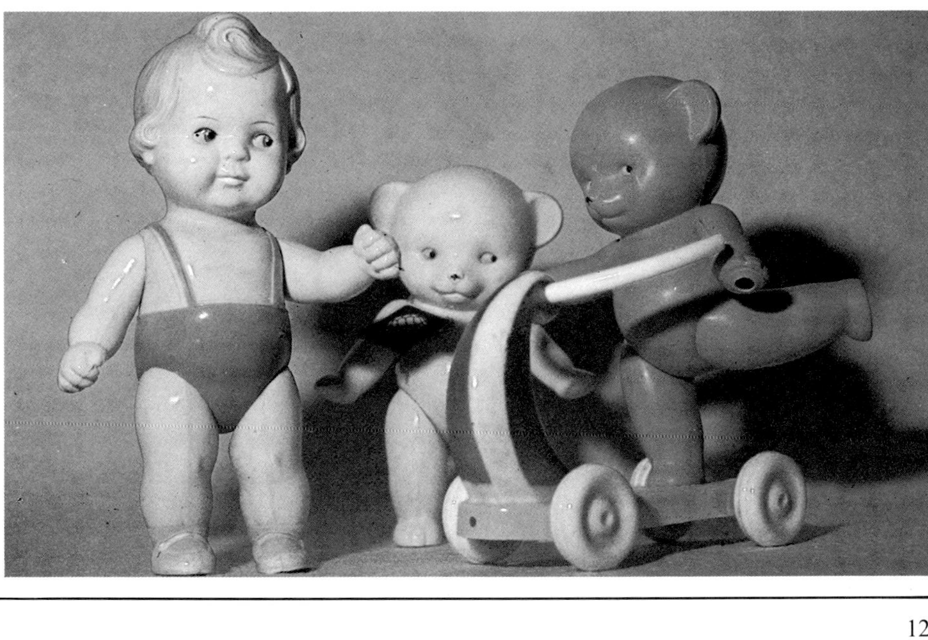

Googlie-Puppen um 1935/40 · Kopf und Beine feststehend · gedrungener, grotesker Körper · modellierte Haare mit Schleife
17 cm · Preisgruppe E

Körpermarke: Schildkröte in Raute
17

Links: «Seesternhände» · gemalte, zur Seite blickende blaue Augen

Mitte: «Seesternhände» · gemalte, zur Seite blickende Augen mit schwarzer Iris

Rechts: Normale Hände · gemalte, zur Seite blickende Augen

Googlie-Puppe um 1935/40 · Kopf und Beine feststehend · gedrungener, grotesker Körper mit übergroßen Füßen · «Seesternhände» · modellierte Haare · gemalte, zur Seite blickende Augen mit schwarzer Iris · Kußmündchen
17 cm · Preisgruppe E

Körpermarke: Schildkröte in Raute
17

Schildkröt-Bilderbücher

Diese Büchlein wurden in den dreißiger bis fünfziger Jahren alljährlich von der Rheinischen Gummi und Celluloidwarenfabrik herausgegeben. Die Werbeheftchen waren keine Prospekte oder Kataloge, sondern für das Kind leicht verständliche, schön bebilderte Märchenerzählungen aus dem Schildkröt-Land. In der Phantasie wurden die Schildkröt-Puppen, die sich in Märchengestalten verwandelten, zu wirklichen Kindern und Spielgefährten. Gleichzeitig wurden die Mütter, die ihren Kindern die Märchen vorlesen und die Bilder erklären mußten, mit allen Vorzügen der Schildkröt-Puppen vertraut gemacht.

Oben: «Die Schildkröt-Kinder im Zoo» von 1940

Unten: «Spiele für das ganze Jahr ...» von 1941

RHEINISCHE

Die Schildkröt-Puppenkinder

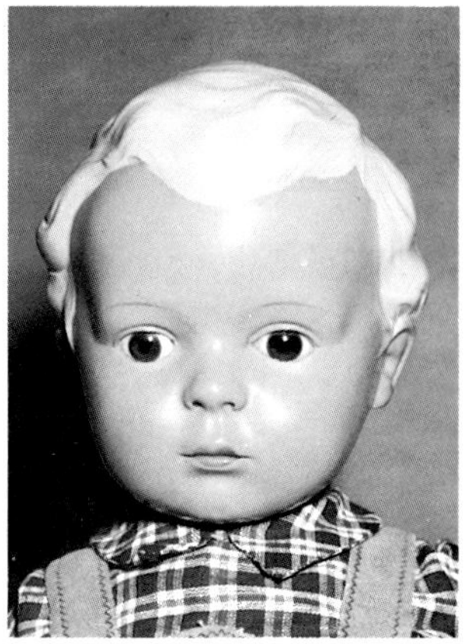

Hans

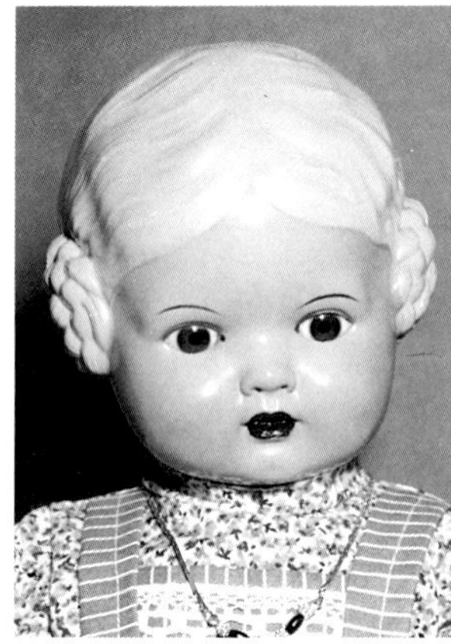

Bärbel

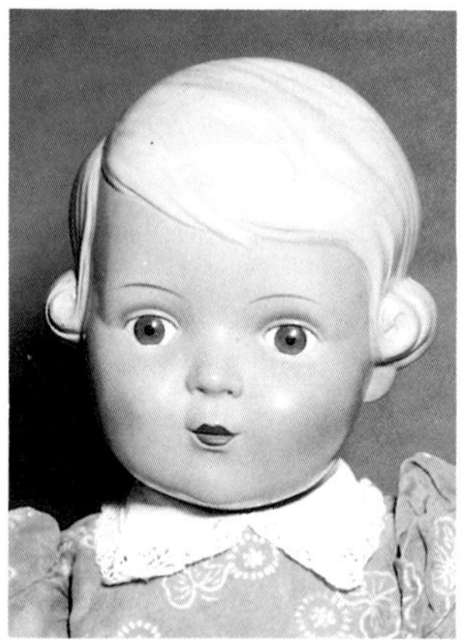

Inge

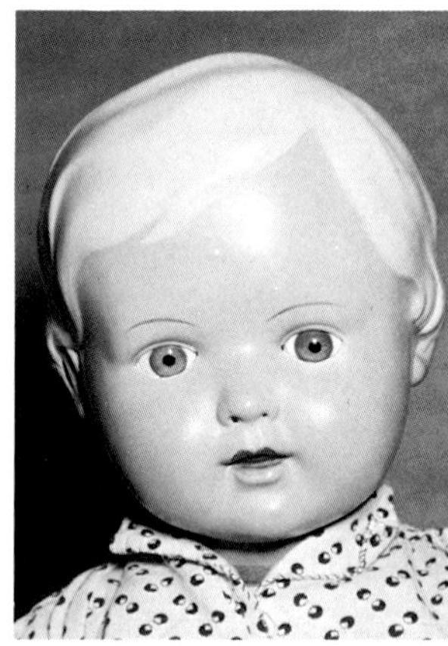

Christel

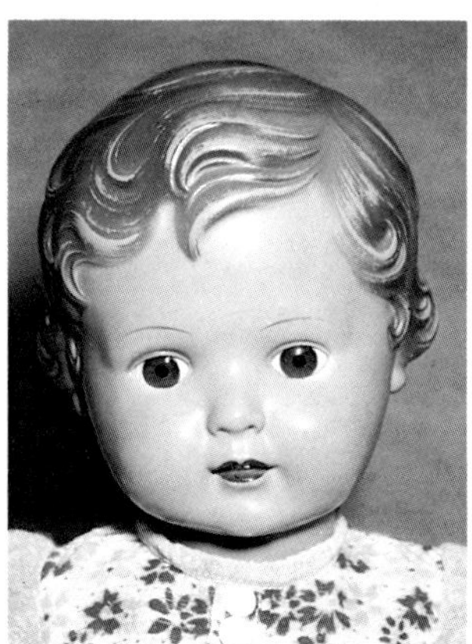

Erika

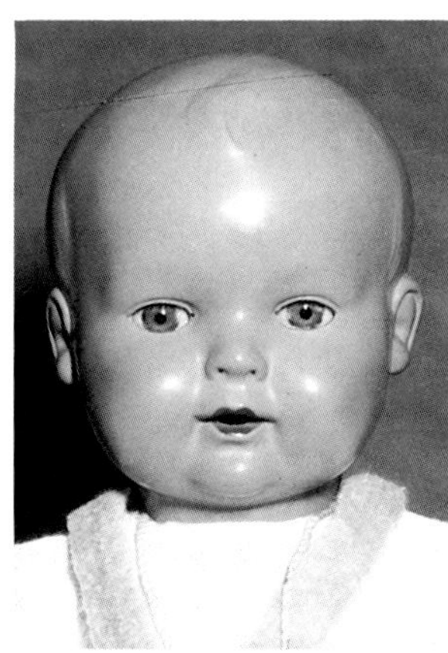

Strampelchen

Seite 125: «Rotkäppchen» um 1940/50 · Feststehender Kopf · modellierte Haare · gemalte blaue Augen · Kleidung original
34 cm · Preisgruppe F

Hals- und Körpermarke:	Schildkröte in Raute 34

RHEINISCHE

«Hans und Bärbel» · Diese beiden Puppentypen wurden in den Körperfarben sonnenbraun und fleischfarbig und den Haarfarben weißblond, blond und brünett hergestellt. · Größen 13½/14 bis 64 (Hans) und 13½/14 bis 49 (Bärbel) · Bis Größe 34 feststehender Kopf und gemalte Augen · Ab Größe 41/42 Kurbelkopf, feststehende blaue oder braune Glasaugen oder blaue bzw. braune Schlafaugen · Heute sind Hans und Bärbel beim Sammler als zusammengehörendes Pärchen beliebt, obwohl ursprünglich «Hans und Inge» von der «Rheinischen» als Geschwisterpaar angeboten wurden.

«Bärbel» um 1940 · Kurbelkopf · modellierte braune Haare · blaue Schlafaugen
49 cm · Preisgruppe G

Hals- und Körpermarke: Schildkröte in Raute
49
Germany

«Bärbel» um 1950 · Kurbelkopf · modellierte weißblonde Haare · feststehende braune Augen · sehr gut erhaltene Puppe (unbespielt)
45 cm · Preisgruppe G

Hals- und Körpermarke: Schildkröte in Raute
45

«Hans und Bärbel» um 1940/50

«Hans»: Sonnenbraun · Kurbelkopf · Glieder auf Scheibengelenken · geprägte weißblonde Haare · feststehende blaue Glasaugen · geschlossener Mund
45 cm · Preisgruppe G
Hals- und Körpermarke: Schildkröte in Raute
45

«Bärbel»: Sonnenbraun · Kurbelkopf · Glieder auf Scheibengelenken · geprägte weißblonde Haare · feststehende blaue Glasaugen · offen-geschlossener Mund
45 cm · Preisgruppe G

Hals- und Körpermarke: Schildkröte in Raute
45

«Hans und Bärbel» um 1940/50

«Hans»: Kurbelkopf · modellierte brünette Haare · feststehende braune Glasaugen
45 cm · Preisgruppe G

Hals- und Körpermarke: Schildkröte in Raute 45

«Bärbel»: Sonnenbraun · modellierte hellblonde Haare · feststehende braune Glasaugen
45 cm · Preisgruppe G

Hals- und Körpermarke: Schildkröte in Raute 45

«Inge» um 1940/50

Links: Kurbelkopf · geprägte brünette Haare · feststehende blaue Glasaugen
45 cm · Preisgruppe E

Hals- und Körpermarke: Schildkröte in Raute 45

Rechts: Kurbelkopf · geprägte weißblonde Haare · feststehende blaue Glasaugen
45 cm · Preisgruppe E

Hals- und Körpermarke: Schildkröte in Raute 45

Mitte: Beschreibung Seite 129 unten

«Inge» als Puppenstubenpüppchen um 1945/50 · Alle mit feststehendem Kopf und gemalten Augen · Rechts: «Inge» mit überlangen Beinen, geprägten Schuhen und Söckchen.
7,5–10,5 cm · Preisgruppe A/B

Körpermarke: Schildkröte in Raute
Größenangabe

«Inge» gilt als die typische und meistverkaufte – auch am häufigsten kopierte – Schildkröt-Puppe. Es gab sie in den Körperfarben sonnenbraun und fleischfarben und in den Haarfarben weißblond, blond, brünett und rotblond. Sie wurde in den Größen von 7½ cm bis 64 cm geliefert, und zwar ab Gr. 28 mit Glasaugen, bis Gr. 42 mit feststehendem Kopf und gemalten Augen, aber auch ab Gr. 41 mit Kurbelkopf und feststehenden oder Schlafaugen in blau oder braun.
Charakteristisch ist der kleine geschlossene Mund. «Inge»-Puppen mit feststehendem Kopf und feststehenden Glasaugen sind selten.

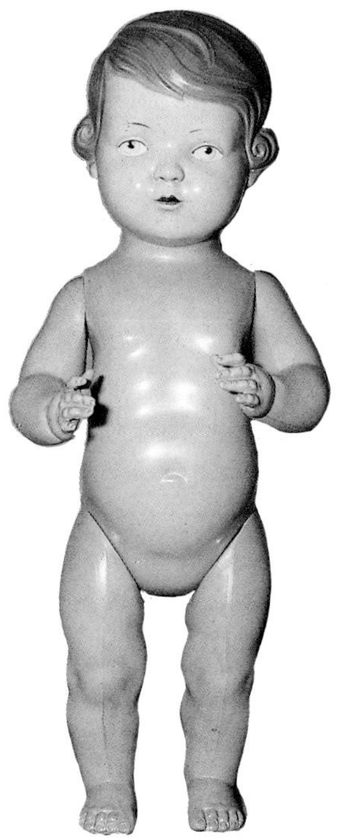

«Inge» um 1940/50 · feststehender Kopf · geprägte brünette Haare · gemalte blaue Augen · typischer Körper einer «Inge» mit kurzen, stämmigen Beinen und länglichem, runden Körper
34 cm · Preisgruppe E

Körpermarke: Schildkröte in Raute
34

«Inge» um 1935/50
Preisgruppe D/E

Körpermarke: Schildkröte in Raute
Größenangabe

Vorne links: Um 1935 · sonnenbraun · feststehender Kopf · blond · feststehende braune Glasaugen · 28,5 cm

V orne rechts: Um 1950 · feststehender Kopf · blond · gemalte blaue Augen · 26,5 cm

Hinten links: Um 1940 · feststehender Kopf · blond · feststehende blaue Glasaugen · 28,5 cm

Hinten Mitte: Um 1950 · Kurbelkopf · weißblond · feststehende blaue Glasaugen · 34 cm

Hinten rechts: Um 1940 · feststehender Kopf · blond · geprägte blaue Augen · 29 cm

«Christel, kleine Schwester beziehungsweise kleiner Bruder von Hans (Bärbel) und Inge»

Der Puppentyp «Christel» wurde mit Mädchen- oder Jungenbekleidung verkauft und war auch als Babyversion auf Babykörper mit Scheibengelenken und offenen Händchen sowie als Negerversion im Handel. Die Körperfarben waren sonnenbraun und fleischfarben, die Haarfarben weißblond, blond und brünett. «Christel» wurde in Größen von 11,5 cm bis 56 cm hergestellt, und zwar bis Gr. 34 mit feststehendem Kopf und gemalten Augen (Gr. 30 und 34 auch mit feststehenden Glasaugen), ab Gr. 41/42 mit Kurbelkopf und feststehenden Glasaugen oder Schlafaugen in blau oder braun. «Christel»-Puppen mit feststehendem Kopf und feststehenden Glasaugen sind selten.

Links: «Christel-Mädchen» · Kurbelkopf · geprägte weißblonde Haare · feststehende blaue Glasaugen · offen-geschlossener Mund
49 cm · Preisgruppe F
Hals- und Körpermarke: Schildkröte in Raute 49

Rechts: «Christel-Junge» · sonnenbraun · Kurbelkopf · geprägte brünette Haare · feststehende braune Glasaugen · offen-geschlossener Mund
56 cm · Preisgruppe F
Hals- und Körpermarke: Schildkröte in Raute 56

RHEINISCHE

«Christel» um 1950

Links: Feststehender Kopf · brünette Haare · gemalte blaue Augen · offengeschlossener Mund
29,5 cm · Preisgruppe E

Körpermarke: Schildkröte in Raute 29½

Mitte: Kurbelkopf · weißblonde Haare · feststehende blaue Glasaugen · offengeschlossener Mund
32 cm · Preisgruppe E

Körpermarke: Schildkröte in Raute 30/32

Rechts: Feststehender Kopf · blonde Haare · gemalte blaue Augen · offengeschlossener Mund
29,5 cm · Preisgruppe E

Körpermarke: Schildkröte in Raute 29½

Um 1940/50

«Christel» · feststehender Kopf · blonde Haare · gemalte blaue Augen
22 cm · Preisgruppe E

Körpermarke: Schildkröte in Raute 22

«Strampelchen» · feststehender Kopf · blonde Haare · gemalte blaue Augen
13,5 cm · Preisgruppe B

Körpermarke: Schildkröte in Raute 12½ / 13½

Seite 133: Um 1940/50 in Trachten

«Inge» · feststehender Kopf · blonde Haare · gemalte braune Augen
26,5 cm · Preisgruppe D

Körpermarke: Schildkröte in Raute 25½ / 26½

«Hans» · feststehender Kopf · blonde Haare · gemalte blaue Augen
26,5 cm · Preisgruppe F

Körpermarke: Schildkröte in Raute 25½ /26½

«Christel» · feststehender Kopf · blonde Haare · gemalte blaue Augen
22 cm · Preisgruppe E

Körpermarke: Schildkröte in Raute 22

«Erika um 1940/50

Dieser Puppentyp wurde hauptsächlich erst nach dem Zweiten Weltkrieg hergestellt und mit fleischfarbenem Körper und den Haarfarben weißblond, kastanienbraun und rotblond geliefert. «Erika» gab es nur mit Kurbelkopf und Glasaugen oder Schlafaugen in Größen von 41 cm bis 64 cm. Der Mund war offen-geschlossen mit zwei gemalten Zähnchen. Vorkriegsmodelle in Gr. 41 und 45 sind selten.

Links: 1940 · weißblond · feststehende blaue Glasaugen
45 cm · Preisgruppe F

Hals- und Körpermarke:	Schildkröte in Raute 45

Mitte: Kastanienbraun · feststehende braune Glasaugen
49 cm · Preisgruppe E

Hals- und Körpermarke:	Schildkröte in Raute 49

Rechts: Rotblond · feststehende braune Glasaugen
41 cm · Preisgruppe E

Hals- und Körpermarke:	Schildkröte in Raute 41

«Strampelchen»

Sehr beliebte Babypuppe, von 1935 bis 1958 aus Zelluloid, bis 1962 aus Tortulon und dann aus Cellidor. Sie wurde in den Körperfarben sonnenbraun und fleischfarben und mit blonden Haaren geliefert. Größen von 8,5 cm bis 56 cm, und zwar ab Gr. 25 mit Kugelgelenken und gemalten Augen oder feststehenden Glasaugen, ab Gr. 28 mit Kurbelkopf und ab Gr. 35 auch mit braunen oder blauen Schlafaugen. Charakteristisch sind der offene oder offen-geschlossene Mund und die geballten Fäustchen (rechter Zeigefinger ausgestreckt). Die Puppe ist auch als Negerversion, mit geraden Beinen und Händen und mit Mohairplüschperücke zu finden.

«Strampelchen» um 1950 · Kurbelkopf · feststehende blaue Glasaugen · offener Mund
35 cm · Preisgruppe E

Hals- und Körpermarke:	Schildkröte in Raute 35

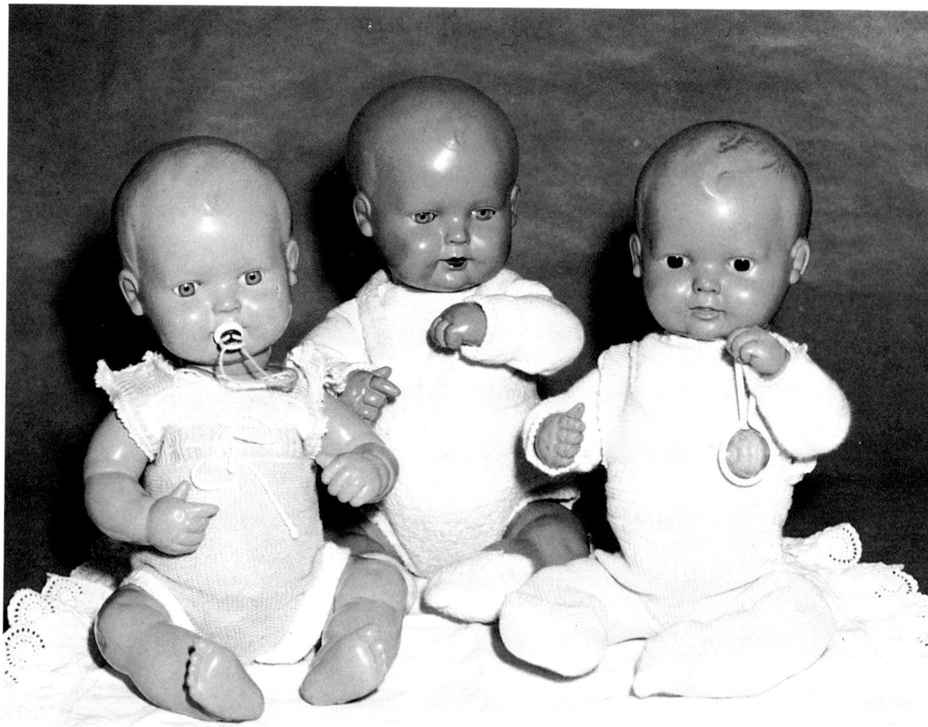

Seite 136 oben: «Strampelchen um 1935/50

Links: Siehe Beschreibung zu S. 137.

Mitte: Kurbelkopf · blaue Schlafaugen mit Wimpern · offener Mund · Mamastimme · 40 cm · Preisgruppe F

Rechts: Sonnenbraun · Kurbelkopf · feststehende braune Glasaugen · offen-geschlossener Mund · 35 cm · Preisgruppe E

Seite 136 unten: «Strampelchen» um 1950

Links: Dunkelbraunes Zelluloid · Kugelgelenke · feststehender Kopf · gemalte braune Augen · offen-geschlossener Mund · 25 cm · Preisgruppe E

Rechts: Kugelgelenke · feststehender Kopf · feststehende blaue Glasaugen · offener Mund · 25 cm · Preisgruppe E

Zwei kleine «Strampelchen» · 8,5 cm · Preisgruppe A

Seite 137: «Strampelchen» um 1950

Vorne: Kurbelkopf · blonde Mohairplüschperücke · feststehende blaue Glasaugen · offen-geschlossener Mund · 35 cm · Preisgruppe F

Hinten: Stehbaby · Kurbelkopf · feststehende blaue Glasaugen · offener Mund · 40 cm · Preisgruppe F

Alle hier beschriebenen Puppen sind mit der Schildkröte in Raute und der Größenangabe gemarkt.

RHEINISCHE

Einige wichtige Puppenmodelle aus den zelluloidähnlichen Materialien Tortulon und Cellidor

Seite 138, Bild oben:

Hinten: «Gustel» um 1955/60 · Tortulon · Kugelgelenke · feststehender Kopf · modellierte Haare · feststehende blaue Glasaugen · auffallend schlanker Körper · lange Beine · kurzer Rumpf
28,5 cm · Preisgruppe D

Körpermarke: Schildkröte in Raute 28½

Vorne: «Ursula» · ab 1955 in Tortulon mit Glasaugen, später in Cellidor mit Schalenaugen (Kunststoff) · feststehender Kopf mit kastanienbraunen Haaren · auffallend schlanker Körper · lange Beine · kurzer Rumpf
29 cm · Preisgruppe D

Körpermarke: Schildkröte in Raute 29

Seite 138, Bild unten:

«Strampelchen» um 1960 · Tortulon · Kugelgelenke · Kurbelkopf · blaue Kunststoffaugen mit beweglichen Lidern · offener Mund · Mamastimme
35 cm · Preisgruppe D

Hals- und Körpermarke: Schildkröte in Raute 35

Seite 139: «Sternchen und Schnuppe», um 1955, Maskottchen von der Kinderseite der Illustrierten «Stern»

Junge: Lange Arme und Beine mit Kugelgelenken · Kurbelkopf mit geprägten brauenen Haaren · gemalte braune Augen · geschlossener Mund · langer Hals · sehr schlanker Körper
30 cm · Preisgruppe Lp

Halsmarke: Schildkröte in Raute

Körpermarke: Schildkröte in Raute Tortulon 30

Mädchen: Arme und Beine mit Kugelgelenken · Kurbelkopf mit sehr langem Hals · geprägte hellblonde Haare · große, gemalte blaue Augen · geschlossener Mund · sehr schlanker Körper
31 cm · Preisgruppe Lp

Halsmarke: Schildkröte in Raute

Körpermarke: Schildkröte in Raute Tortulon 31

Bruno Schmidt

Puppenfabrik, Waltershausen/Thüringen
Zelluloidpuppen 1900–1950

Bruno Schmidt gründete seine Fabrik um 1900. Warenzeichen war ein Herz mit den Buchstaben B.S.W. Anfangs wurden Kugelgelenkpuppen mit Biskuit- und Holzköpfen hergestellt.

1913 eröffnete er eine eigene Zelluloidfabrik zur Herstellung von Schulter- und Kurbelköpfen. Etwas später bot er dann auch Charaktersitz- und -stehbabys ganz aus Zelluloid an. So entstanden 1914 die Zelluloidbabypuppe Nr. 120, der Zelluloidpuppenkopf Nr. 130 und die Zelluloidpuppenserie Nr. 12.

Zwischen 1917 und 1919 mußte die Firma wegen Rohstoffmangels schließen. Die Wiederaufnahme der Produktion war auch der Beginn der Zelluloidpuppenserien «B» (Stehpuppe mit modellierter Frisur), «F» (Stehpuppe mit Perücke), «G» (Stehpuppe mit geprägten Haaren), «H» (Stehpuppe mit modellierter Frisur) und «S» (Sitzbaby mit Perücke). Die bedeutendste und schönste Zelluloidpuppenserie von Bruno Schmidt ist wohl das «Herzbaby»; es ist die Zelluloidversion der Biskuitpuppe Nr. 2048, Marke B.S. Dieses Ganzzelluloid-Charakterbaby mit Kurbelkopf und beweglichen Gliedern wurde in vier verschiedenen Größen (36–50 cm) mit gemalten Augen und mit Schlafaugen angeboten (kleinere Größen mit feststehendem Kopf). Als Form für das Biskuit- wie für das Zelluloidmodell diente ein Bronzeabguß. Die klassisch schöne Originalbüste, die vermutlich aus der Zeit der Renaissance stammt, haben wohl auch andere Firmen als Vorlage zur Herstellung eines Puppentyps der eigenen Marke verwendet, denn die Ähnlichkeit der im folgenden aufgezählten Puppentypen verschiedener Herkunft mit dem Charakterbaby von Bruno Schmidt ist verblüffend: Stoffpuppe Typ «Nr. I» von Käthe Kruse, Zelluloidpuppe «Trinkbebie» von der Hermsdorfer Celluloidwarenfabrik, Zelluloidkurbelkopf auf Stoffkörper von Buschow & Beck, Zelluloidkurbelkopf auf Stoff- oder Zelluloidkörper von der «Rheinischen».

Bruno Schmidt erhielt Patente für verschiedene Puppenaugen, für Bewegungsvorrichtungen an Augen in Puppenköpfen, für einige Zelluloidpuppenköpfe und für das Einsetzen beweglicher Augen in Köpfe aus transparentem Zelluloid.

1925 entstanden kleinere Sitz- und Stehbabys (Typ «Herzbaby») aus hellem und schwarzem Zelluloid mit aufgemalten Anzügen, deren Farbe im Wasser nicht abging. Die Negerpuppe gab es nur als Sitzbaby, die weiße Puppe auch als Stehbaby. Vor allem in Amerika war diese Neuheit sehr beliebt, aber auch in Deutschland zeigten die Käufer großes Interesse an diesen Zelluloidpüppchen mit aufgemalter Kleidung.

Die Firma Bruno Schmidt hat bis etwa 1950 produziert.

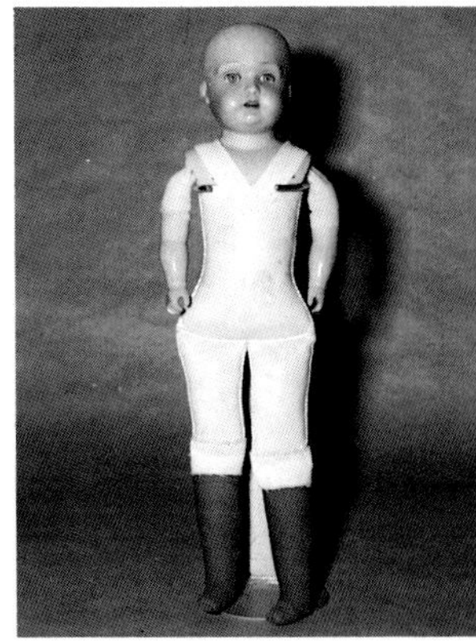

Um 1914 · Lederkörper mit abgenähten Gelenken · Unterschenkel aus blauem Stoff · Unterarme aus Holz (ohne Ellbogengelenke) · Zelluloidschulterkopf · blonde Echthaarperücke · blaue Schlafaugen mit Wimpern · offener Mund mit Zähnchen
40 cm · Preisgruppe H

Halsmarke: Schutzmarke
Herz
12
Germany

«Herzbaby» um 1920 · Kurbelkopf · modellierte braune Haare · geprägte blaue Augen · zweifarbig gemalter Mund mit gemalten Zähnchen · Körper nicht original
20 cm · Preisgruppe D

Halsmarke: Schutzmarke
Herz
Germany
2

«Herzbaby» von 1925 · Babykörper aus Zelluloid mit aufgemalter Kleidung · Arme und Beine mit Scheibengelenken · feststehender Kopf · leicht modellierte Haare · geprägte blaue Augen · geschlossener Mund
18 cm · Preisgruppe Lp

Körpermarke: Schutzmarke
Herz
16/18
Germany

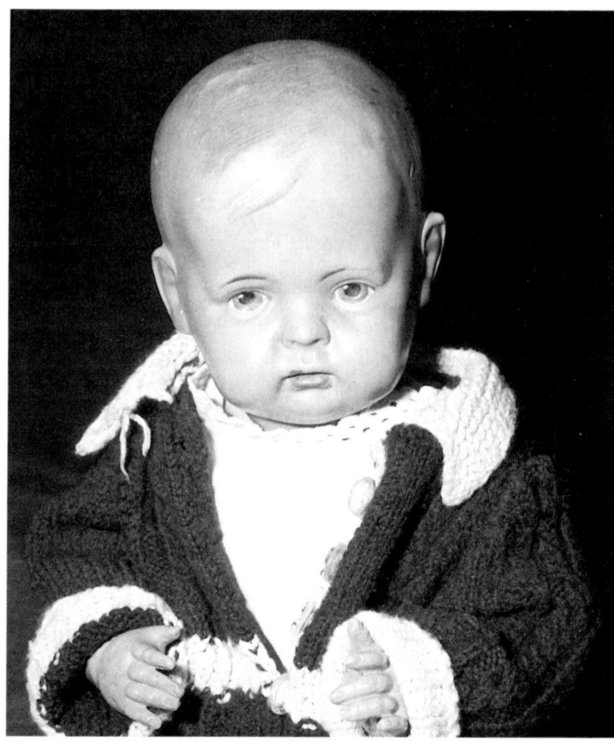

Nebenstehendes Bild und Seite 143:

«Herzbaby» um 1920 · Babykörper aus Zelluloid · Arme und Beine mit Scheibengelenken · Kurbelkopf · modellierte Haare · geprägte blaue Augen · geschlossener Mund · Zelluloidversion der Biskuitpuppe Nr. 2048
36 cm · Preisgruppe G

Hals- und Körpermarke: Schutzmarke
Herz
36

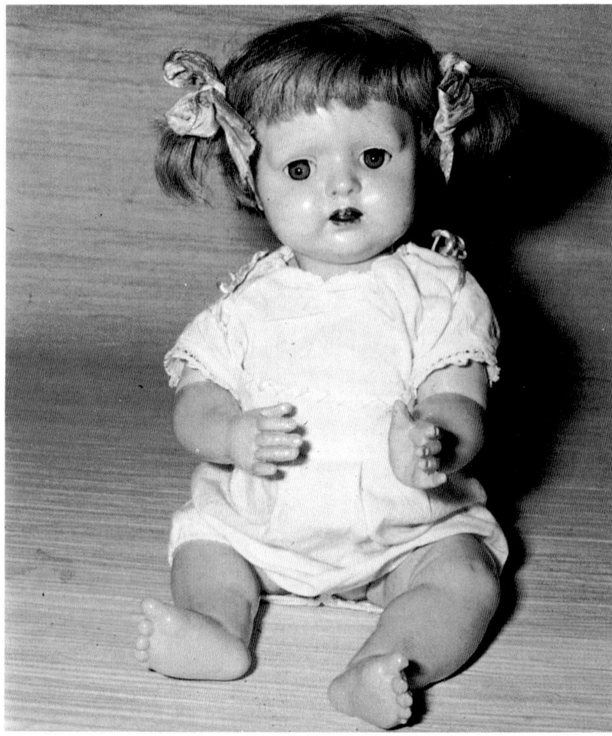

Um 1930 · Babykörper aus Zelluloid · Arme und Beine mit Scheibengelenken · Kurbelglattkopf · blonde Echthaarperücke · blaue Schlafaugen · offener Mund mit Zähnchen
45 cm · Preisgruppe F

Halsmarke: Schutzmarke
Herz
S/42

Körpermarke: Schutzmarke
Herz
42/45
Germany

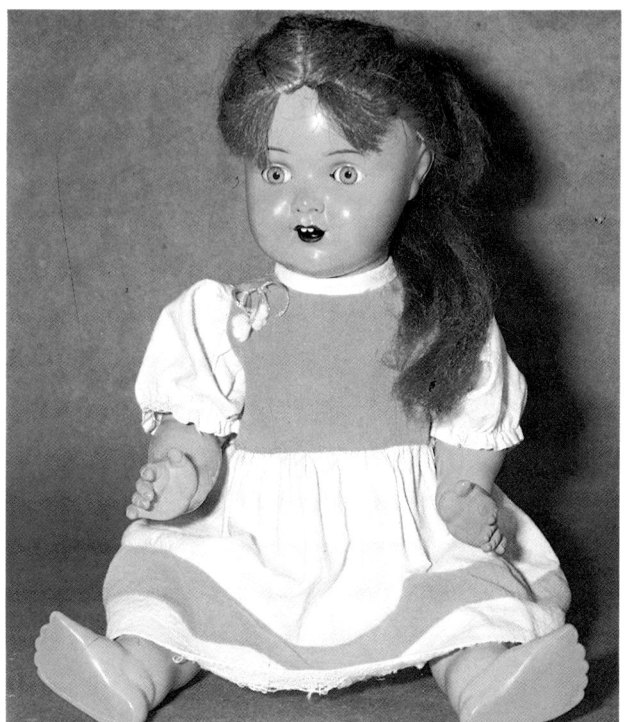

Um 1940 · Arme und Beine mit Scheibengelenken · Kurbelkopf mit blonder Mohairperücke · blaue Schlafaugen · offener Mund mit Zähnchen
45 cm · Preisgruppe E

Halsmarke: Schutzmarke
Herz
F/45

Körpermarke: Schutzmarke
Herz
45
Germany

Kleines Bild, vorne: Um 1945/50 · Arme und Beine mit Scheibengelenken · Kurbelkopf mit modellierten Haaren · feststehende blaue Glasaugen mit Wimpern · geschlossener Mund
38 cm · Preisgruppe D

Hals- und Körpermarke: Schutzmarke Herz 38

Großes Bild oben: Um 1920/30 · Arme und Beine mit Scheibengelenken · Kurbelkopf mit sehr fein modellierten Haaren · feststehende blaue Glasaugen · geschlossener Mund
50 cm · Preisgruppe F

Halsmarke: Schutzmarke Herz H/150

Körpermarke: Schutzmarke Herz 50

Großes Bild unten: Um 1935 · Arme und Beine mit Scheibengelenken · Kurbelkopf mit modellierten Haaren · blaue Schlafaugen mit Wimpern · geschlossener Mund
40 cm · Preisgruppe E

Halsmarke: Schutzmarke Herz B/40

Körpermarke: Schutzmarke Herz 40 Germany

Schwäbische Celluloidwarenfabrik

Mengen/Württemberg – Schutzmarke «Storch»

Zelluloidpuppen 1913–1960

Bis 1945 verwendetes Zeichen

Markenzeichen nach 1945

Die Celluloidwarenfabrik wurde im Jahre 1913 von August Haidorfer gegründet. Der kleine, bescheidene Betrieb produzierte vor allem Toilettenartikel aus Zelluloid und später dann auch ein kleines Sortiment von Puppen und Spielwaren. Es waren Ganzzelluloidpuppen – ein Mädchen- und ein Jungentyp – mit modellierten Haaren, Kurbelkopf und beweglichen Gliedern, mit gemalten Augen oder mit Glasaugen. Sie wurden in verschiedenen Größen hergestellt.

Das Markenzeichen der Schwäbischen Celluloidwarenfabrik war vor dem Zweiten Weltkrieg der Buchstabe S im Ring.

Nach dem Zweiten Weltkrieg wurden andere Puppentypen hergestellt, darunter auch eine Babypuppe aus Zelluloid. Ein neues Markenzeichen, ein Storch, wurde nun verwendet. Puppen und Spielwaren der Marke «Storch» aus dem Donaustädtchen Mengen kamen sogar bis nach Amerika.

Die Schwäbische Celluloidwarenfabrik arbeitete bis nach 1955. In den letzten Produktionsjahren wurden aber nur noch Puppen aus den zelluloidähnlichen Kunststoffen Cellidor und Tortulon hergestellt.

Anzeige der Schwäbischen Celluloidwarenfabrik in einem Spielzeugkatalog von 1956 zur 7. Deutschen Spielwarenfachmesse in Nürnberg

SCHWÄBISCHE CELLULOIDWARENFABRIK

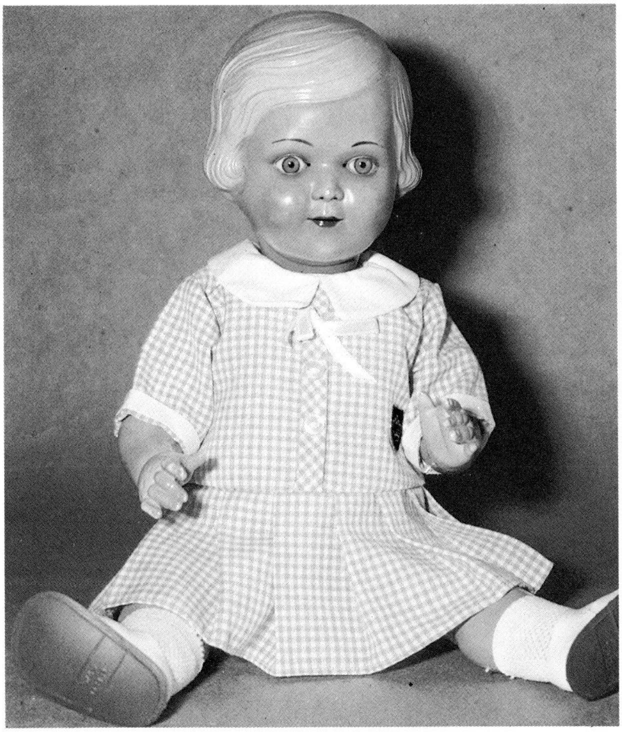

Um 1925 · Arme und Beine mit Scheibengelenken · Miblu-Kurbelkopf · modellierte blonde Haare · feststehende blaue Glasaugen · geschlossener Mund
42 cm · Preisgruppe E

Hals- und Körpermarke: S im Ring
42

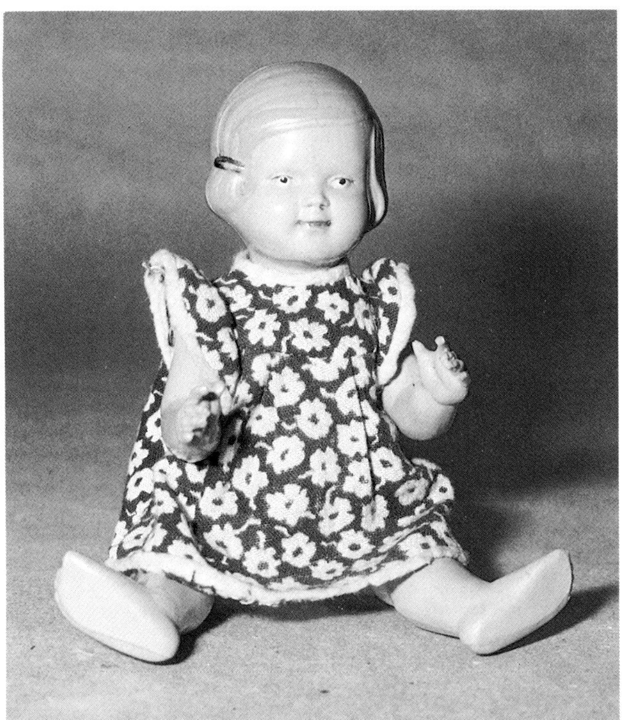

Um 1930/40 · Arme und Beine mit Scheibengelenken · feststehender Kopf · modellierte Haare mit Haarspange · gemalte blaue Augen · geschlossener Mund
18 cm · Preisgruppe C

Körpermarke: S im Ring
18

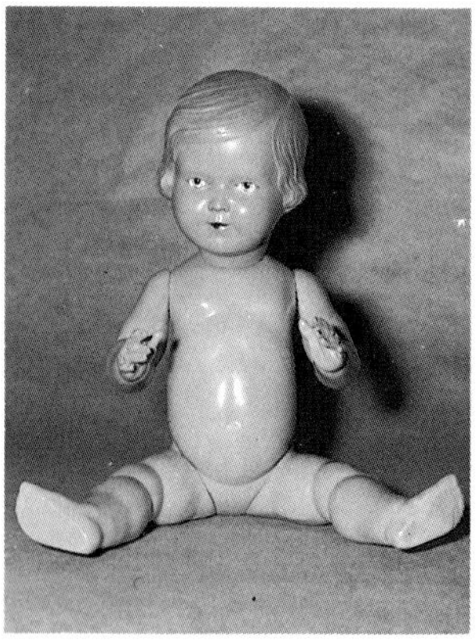

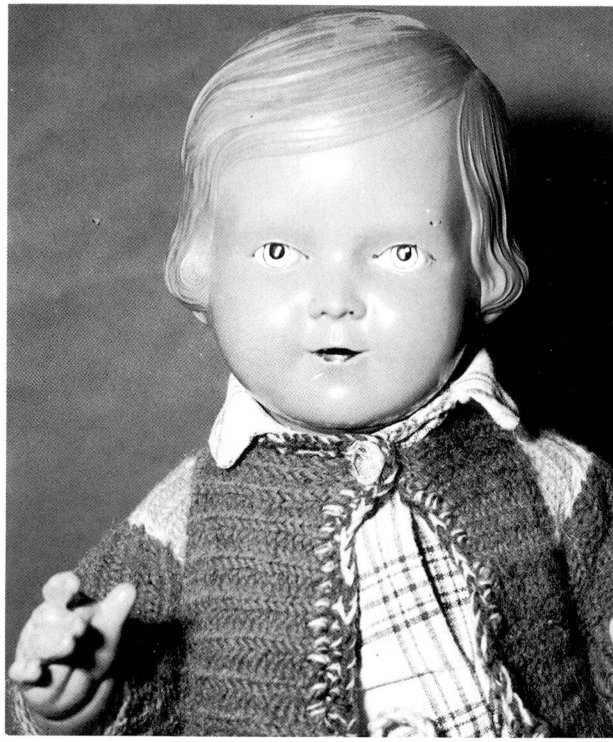

Um 1935/40 · Arme und Beine mit Scheibengelenken · Kurbelkopf · modellierte Haare · geprägte blaue Augen · geschlossener Mund
42 cm · Preisgruppe E

Hals- und Körpermarke: S im Ring 42

Negerpuppen um 1950/55

Vorne: Braunes Zelluloid · Arme und Beine mit Scheibengelenken · feststehender Kopf · leicht modellierte schwarze Haare · gemalte braune Augen · geschlossener Mund
13,5 cm · Preisgruppe D

Körpermarke: Storch 13½

Hinten: Arme und Beine mit Kugelgelenken · feststehender Kopf · leicht modellierte schwarze Haare · gemalte braune Augen · geschlossener Mund
25 cm · Preisgruppe E

Körpermarke: Storch 25

SCHWÄBISCHE CELLULOIDWARENFABRIK

Um 1950/55 · Arme und Beine mit Scheibengelenken · Kurbelkopf mit geprägten braunen Haaren · feststehende braune Kunststoffaugen · geschlossener Mund
53 cm · Preisgruppe E

Hals- und Körpermarke: Storch 53

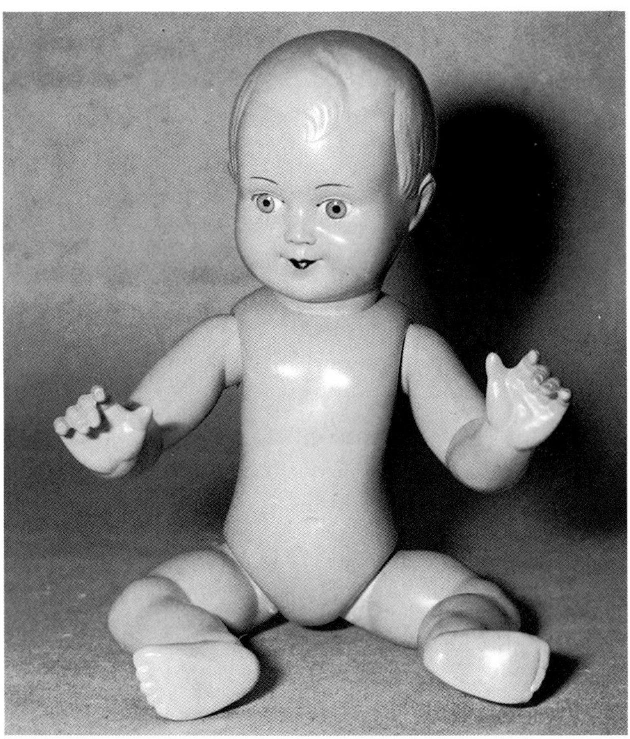

Um 1950/55 · Arme und Beine mit Kugelgelenken · Kurbelkopf mit geprägten Haaren · feststehende blaue Glasaugen · geschlossener Mund
32 cm · Preisgruppe E

Hals- und Körpermarke: Storch 28/32

Karl Standfuss

Metall- und Celluloidpuppenfabrik, Deuben bei Dresden
Zelluloidpuppen ca. 1915–1920

JUNO

Die Puppenfabrik produzierte ab 1898 Metallkopfpuppen mit der Marke «JUNO». Ab 1903 wurden die Blechköpfe mit Zelluloid überzogen (siehe Buschow & Beck).

1909 ließ sich die Firma Karl Standfuss eine Ganzzelluloid-Badepuppe mit geprägter Frisur, feststehendem Kopf, feststehenden Beinen und beweglichen Armen patentieren. In den folgenden Jahren wurden dann sehr viele Tiere, Stehaufmännchen, Soldatenpuppen, humoristische Figuren und Kewpies aus Zelluloid produziert und hauptsächlich nach Amerika exportiert. 1912 entstand eine Ganzzelluloidpuppe mit beweglichem Kopf und beweglichen Gliedern, Marke «Juno».

Die Firma Karl Standfuss hat nach 1930 die Produktion eingestellt.

Seite 150: Um 1915 · ganz aus Zelluloid · Arme und Beine auf Scheibengelenken · beweglicher Kopf · Mohairperücke · gemalte blaue Augen · offen-geschlossener Mund · geprägte Schuhe und Söckchen
20 cm · Preisgruppe F

Kopf- und Körpermarke: Germany
Juno (im Oval)

Seite 151: Um 1915 · ganz aus Zelluloid · Arme und Beine auf Scheibengelenken · beweglicher Kopf · blonde Mohairperücke · gemalte blaue Augen · offen-geschlossener Mund · geprägte Schuhe und Söckchen
20 cm · Preisgruppe F

Kopf- und Körpermarke: Germany
Juno (im Oval)

Seite 152: Puppenstubenpuppe um 1920 · Diese Zelluloidpuppe stellt kein Kind, sondern eine erwachsene Frau dar. · Ganz aus Zelluloid · Arme und Beine auf Scheibengelenken · modellierter Busen · feststehender Kopf mit geprägten rötlichen Haaren · gemalte blaue Augen · markante Nase · geschlossener Mund · gemalte Strümpfe (bis zu den Oberschenkeln) · geprägte Schuhe mit Absätzen
15 cm · Preisgruppe E

Halsmarke: Juno (im Oval)
Germany

Informationen und Ratschläge für den Sammler

Das Sammeln von Zelluloidpuppen ist in den letzten Jahren immer beliebter geworden, der Kreis der Sammler hat sich enorm erweitert. Die wenigsten Neusammler von Zelluloidpuppen haben anfangs klare Vorstellungen, wie sie ihre Sammlung aufbauen und strukturieren wollen; denn ob er sich auf bestimmte Hersteller oder Puppentypen spezialisiert oder gar breit gestreut «alte Zelluloidpuppen» sammelt, das wird jeder nach seinen Bedürfnissen und Neigungen entscheiden. Immer aber ist diese Entscheidung davon abhängig, wieviel Geld man für seine Sammelleidenschaft monatlich erübrigen kann.

Im Gegensatz zu denen für Porzellanpuppen – unanhängig von der Marke – liegen die Preise für Zelluloidpuppen zur Zeit noch relativ niedrig, obwohl bedingt durch die größere Nachfrage das Angebot zwangsläufig nicht mehr so umfangreich ist und entsprechend auch die Preise in den letzten Jahren steil in die Höhe geklettert sind. Generell kann man jedoch sagen, das selbst gute, seltene Stücke gegenüber Porzellanpuppen unterbewertet sind. Diese Tatsache macht das Sammeln von Zelluloidpuppen attraktiv, und selbst derjenige, der damit anfangen will, findet hier, legt man die Preisentwicklung der letzten Jahre für alte Puppen zugrunde, zur Zeit noch verhältnismäßig günstige Startbedingungen.

Wer nun beginnen will, eine Zelluloidpuppensammlung aufzubauen, dem sei vorab geraten, Kontakte mit erfahrenen Sammlern aufzunehmen, um sich von ihnen beraten zu lassen; denn je genauer man sich als Sammler über sein Sammelgebiet informiert, desto unwahrscheinlicher wird es, daß man beim Kauf einer Puppe «übers Ohr gehauen» wird. Als Anfänger im Bereich «Puppen» kann es einem leider passieren, daß man eine Puppe weit überbezahlt, weil man den eigentlichen Wert nicht kennt, oder daß man eine Puppe kauft, bei der man dann zu Hause, wenn man sie auszieht, leider feststellen muß, daß sie größere Mängel an Körper und Gliedern aufweist. Wem das gleich zu Beginn passiert, dem kann die Lust am Sammeln gründlich vergehen, und das wäre schade!

Sicher ist ein solcher Fehlkauf ärgerlich, doch man lernt daraus und entwickelt bald eine gewisse Fertigkeit im Einschätzen und Untersuchen von Puppen, das heißt, man wird künftig eine Puppe immer erst ausziehen, um sie genau anzuschauen und zu prüfen, bevor man sie kauft. Grundsätzlich empfiehlt es sich, jede Gelegenheit, Puppen genau mit Hand und Auge zu prüfen, wahrzunehmen; denn je mehr Puppen man in die Hand bekommen, gesehen und geprüft hat, desto mehr Erfahrungen wird man sammeln, und dann kann einem niemand mehr etwas vormachen und einen mit falschen Angaben über eine Puppe zum Kauf verleiten.

Vor allem sollte man beim Kauf einer Zelluloidpuppe immer auf den Originalzustand, die Vollständigkeit und Unversehrtheit der Glieder, den unverletzten Kopf und auf die Übereinstimmung von Hals- und Körpermarke achten. Es werden mitunter in gewissenloser Weise zusammengesetzte Zelluloidpuppen überteuert angeboten: Köpfe und Körper, die nicht zueinander passen, Glieder und Körper, die nicht zusammengehören. So entstehen zurechtgebastelte Zelluloidpuppen, zum Beispiel mit einem alten Originalkopf, einem neueren Körper und falschen Ersatzgliedern. Eine solche Puppe ist nur ihren Kopf wert und sonst nichts, deshalb sollte man unbedingt darauf achten, keine willkürlich zusammengesetzten Zelluloidpuppen zu erwerben.

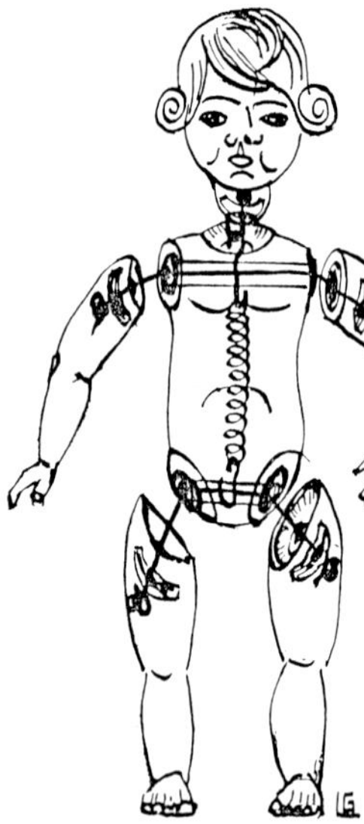

Leider ersetzen einige Sammler die alten Glieder selbst durch Einzelteile von anderen Puppen, weil sie der Meinung sind, man müsse eine alte, zerspielte Zelluloidpuppe wieder schön «reparieren» und auch neu einkleiden, damit man ihr die Jahre des Spielens und Lagerns nicht mehr ansehe. Hier ist der Sinn und Zweck des Puppensammelns wohl verfehlt, denn der liegt doch darin, alte historische Gegenstände aufzubewahren und möglichst in ihrem Originalzustand zu erhalten. Deshalb sollte man die Puppen, auch wenn sie etwas beschädigt (z. B. Sprung im Zelluloid) und abgestoßen sind, möglichst nicht mit anderen Einzelteilen verfremden, denn auch der Wert der Puppe wird dadurch sehr gemindert.

Dies gilt für Glieder, Körper, Perücken und Kleidung. Bewahren Sie Ihre Zelluloidpuppen und deren Kleidung im Originalzustand auf! Erhalten Sie Ihre Puppe, auch wenn sie beschädigt ist, denn sie ist in diesem Zustand auf jeden Fall mehr wert als eine Puppe, die mit verschiedenen Ersatzteilen verfremdet wurde!

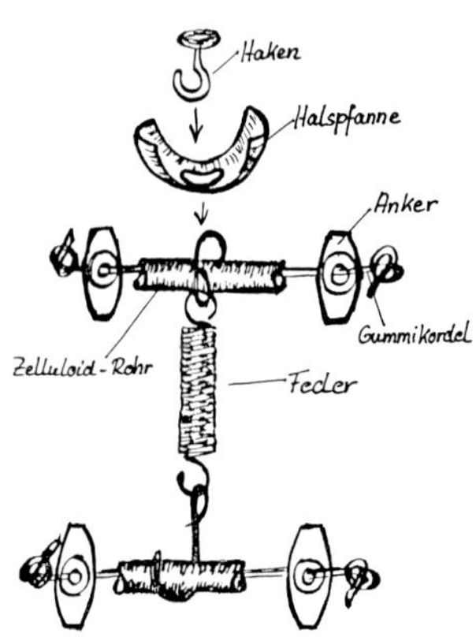

Puppe mit Scheibengelenken

Wenn man nun eine mehr oder weniger lädierte Zelluloidpuppe erworben hat, deren Glieder am Körper herunterhängen, deren Augen herausgefallen sind oder die kleinere Beschädigungen am Zelluloid hat, und man nun diese Puppe, ohne etwas auszuwechseln, wieder in Ordnung bringen möchte, kann man sich zwischen zwei Möglichkeiten entscheiden:

1. Man bringt die Puppe in eine Puppenklinik. Aber Vorsicht! Manche Puppenkliniken restaurieren die Puppen nicht, sondern versetzen sie nur wieder in eine Art Neuzustand, das heißt, alle beschädigten Teile werden ausgewechselt (z. B. alte Echthaar- gegen neue Kunsthaarperücken), so daß sie nachher ein neue, für einen Sammler völlig wertlose Puppe zurückbekommen. Leider haben einige Sammler

diesbezüglich schon sehr negative Erfahrungen gemacht, und um sich viel Ärger zu ersparen sollte man folgendes beachten:
Bestehen Sie darauf, daß ein Kostenvoranschlag gemacht wird und daß nur die Arbeiten ausgeführt werden, die Sie in Auftrag gegeben haben. Falls Glieder ausgewechselt werden müssen, achten Sie unbedingt darauf, daß nur alte Originalersatzteile verwendet werden. Verzichten Sie sonst lieber auf die Reparatur, denn einige Puppenkliniken setzen Arme und Beine aus dem Zelluloid nur ähnlichen Material ein. Diese Glieder haben keine Scheiben-, sondern Universalgelenke, und es ist daher erforderlich, die Gelenkscheiben vom Körper gänzlich herauszuschneiden oder herauszufräsen, wodurch der Körper wertlos wird.
Am besten ist es, wenn man seine Zelluloidpuppe einem erfahrenen Puppenrestaurator anvertraut – nur ist dieser nicht so leicht zu finden, deshalb empfiehlt es sich, andere Sammler nach einschlägigen Adressen zu fragen und auch Erfahrungen auszutauschen.

2. Man kann den Schaden selbst beheben und, wenn man handwerklich etwas begabt ist, die Reparatur mit eigenen Mitteln vornehmen. Hierzu im folgenden Kapitel einige Tips für den Sammler, der seine beschädigte Zelluloidpuppe selbst restaurieren möchte.

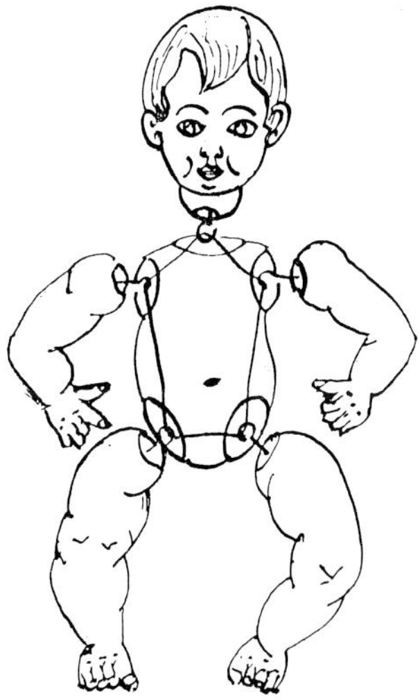

Zelluloidpuppen, selbst restauriert

Grundlage für das Zusammensetzen der Glieder – und alle anderen Reparaturen – sind das Material, das Werkzeug und die Hilfsmittel. Auf Seite 157 finden Sie eine Aufstellung von Werkzeug und Material, wie sie in einem alten Katalog der Firma Wernicke abgebildet ist. Man benötigt vor allem Gummikordeln, die in Stärken von 1½–5 mm abgepackt in Textilgeschäften erhältlich sind.

Die Gliedmaßen und der Kopf werden durch Gummikordel und Feder elastisch und daher drehbar zusammengehalten, und zwar werden die Arme durch einen Gummi festgehalten, der durch ein Zelluloidrohr läuft, das ein Achselloch mit dem anderen verbindet. Bei den Beinen ist es genauso: Ein Gummi läuft durch ein Zelluloidrohr und verbindet so beide Beine miteinander. Der Kopf wird entweder mit einer Feder oder mit einer Gummischlinge in den Haken der Halspfanne eingehängt und dann an dem Rohr, das die Beine verbindet, festgehakt.

Bei Babypuppen sind die Beine, die Arme und der Kopf durch eine Gummischlinge, die durch die beiden Beinlöcher und den Rumpf hindurchläuft, verbunden. Die Schlinge bildet

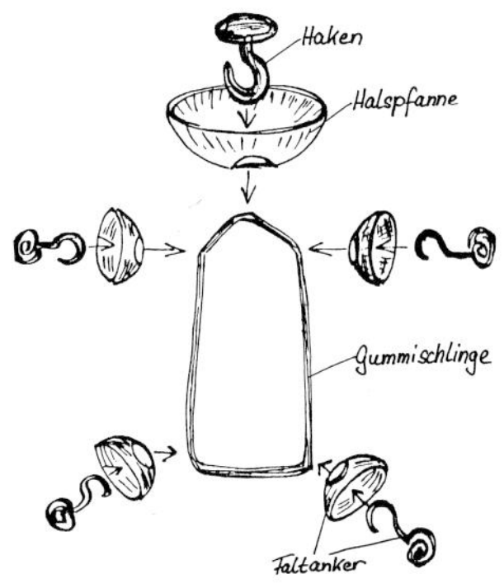

Babypuppe mit Universalgelenken

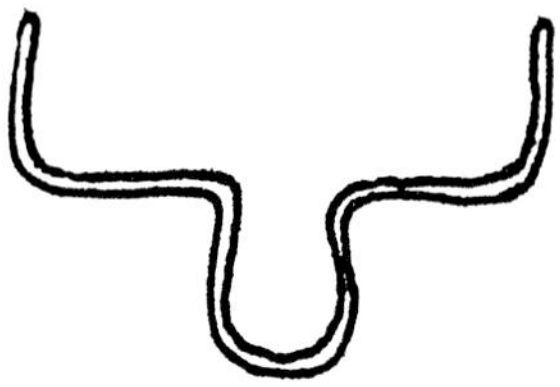

Bügel zum Einhängen des Kopfes

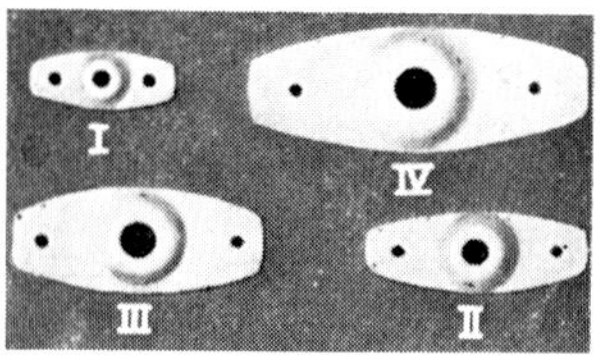

Anker

Faltanker

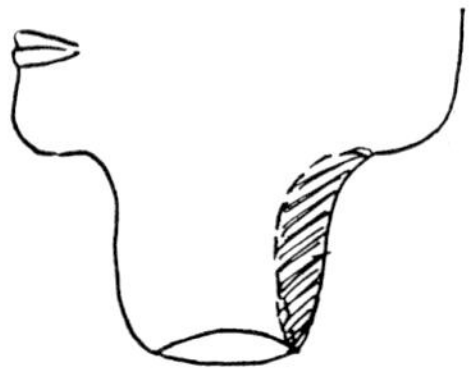

Auszusägendes Stück ↑

ein Fünfeck, dessen Grundlinie die Beine verbindet und dessen Spitze den Kopf festhält. Die Arme werden rechts und links in die Schlinge eingehängt. Bei sehr alten Babypuppen werden sie extra festgehalten, und zwar durch eine Feder oder durch eine Gummischlinge, die beide Arme miteinander verbindet.

Zum Befestigen der Gummikordel in den Gliedern braucht man Anker, die in vier verschiedenen Größen vorkommen, oder Faltanker (Babypuppen). Sollten sie fehlen, so lassen sie sich leicht aus einem Stück PVC (1–1½ mm Dicke) mit einer stärkeren Schere zurechtschneiden. Auch den Haken für den Faltanker und für die Halspfanne kann man selbst herstellen, wenn man einen langen Dachpappennagel (mit breitem Kopf) mit der Rundzange (5) umbiegt. Auch die Halspfanne samt Haken kann selbst ersetzt werden: Man biegt sich eine Art Einhängung aus einem stärkeren Draht zurecht. Diese Art der Kopfaufhängung wurde auch bei Puppen Anfang des Jahrhunderts verwendet.

Als Werkzeug zum Zusammensetzen der Glieder benötigt man eine Schere, eine stärkere Nadel (17) zum Durchziehen der Gummikordeln, einen gabelförmigen Haken (24), einen Ankergreifhaken (6), eine Flachzange (10). Der gabelförmige Haken läßt sich aus einer Fonduegabel herstellen, indem man die Gabelspitzen um die Hälfte verkürzt.

Zum Einhängen der Arme und Beine die Gummikordel durch die Zelluloidröhre ziehen, an beiden Enden mit dem jeweiligen Anker verknoten, dann den Anker der Länge nach in die einzelnen Glieder schieben.

Zum Einhängen des Kopfes Feder (16) oder Gummischlinge (Enden der Gummikordel zusammenlegen, straff mit dünnem Draht oder sehr festem Zwirn umwickeln) in den Kopfhaken einhängen, den Haken mit der Feder (Gummischlinge) in die Kopfgabel (24) einhängen – dabei sollte eine zweite Person behilflich sein und den Körper halten. Feder (Gummischlinge) spannen und ins untere Rohr mit der Kopfgabel einhängen.

Da beim Einsetzen der Augen und allen folgenden Reparaturtips der Klebstoff eine große Rolle spielt, hierzu ein wichtiger Hinweis: Als Klebstoff eignet sich nur ein Kontaktkleber (z. B. von Pattex). Weil dieser auf beide Klebeteile dünn aufgetragen wird und dann erst einmal antrocknen muß, kann die darin enthaltene Verdünnung verdunsten, die sonst das Zelluloid angreifen würde. Achten Sie darauf, daß der Klebstoff nicht zu dick aufgetragen wird und kurz antrocknet, bevor Sie die Teile zusammenfügen, es besteht sonst Ätzgefahr! Andere Klebstoffe eignen sich nicht, sie hinterlassen schnell ihre chemischen Spuren und fressen das Zelluloid an.

Herausgefallene Einzelaugen mit Kontaktkleber wieder befestigen. Beim Kurbelkopf benötigt man dazu ein Augenein-

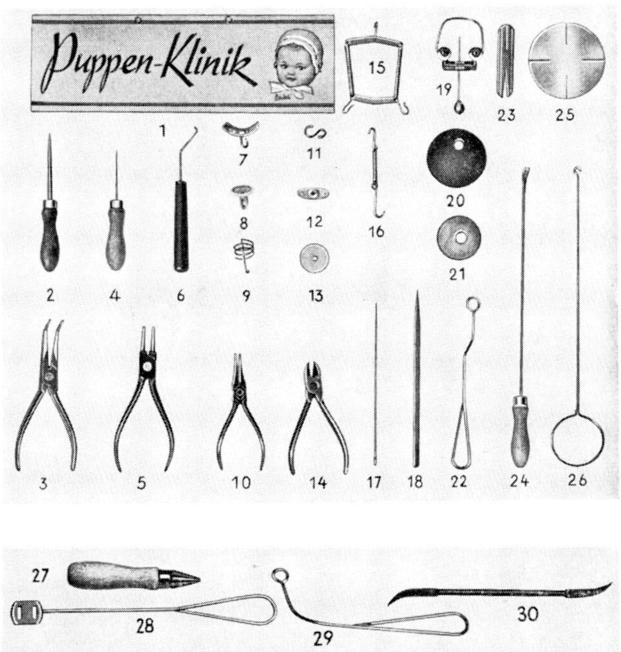

1 = Werbe-Plakat
2 = Schaber, dreikantig
3 = Winkel-Zange
4 = Stech-Ahle
5 = Rund-Zange
6 = Anker-Greifhaken
7 = Halskurbel-Platte aus Plastik
8 = Halsknopf aus Cellit
9 = Kopf-Spirale
10 = Justier-Zange
11 = S-Haken
12 = Anker, Größen
13 = Celluloid-Scheibe
14 = Seiten-Schneider
15 = Feder-Gehänge
16 = Federzug
17 = Durchzieh-Nadel
18 = Augen-Ausschneidemesser jetzt in neuer Form
19 = Augen-Gestell »Novo«
20 = Kappe (Kopfdeckel)
21 = Pfanne
22 = Augen-Einsetzeisen, gerade
23 = Klemmer aus Metall
24 = Kopf-Gabel
25 = Klemm-Scheibe aus Plastik
26 = Reparatur-Haken
27 = Fräser
28 = Augen-Einsetzeisen für Halbschalaugen, gerade
29 = Augen-Einsetzeisen für Hohlglasaugen, gebogen
30 = Raspel

setzeisen (28, 29), das man auch in vereinfachter Form aus Draht selbst herstellen kann. Das Einsetzen von Schlafaugen ist etwas schwieriger und bei Kurbelköpfen nur möglich, wenn hinten am Hals ein ovales Stück mit der Laubsäge ausgesägt wird. Bei Köpfen, deren Schlafaugen schon einmal repariert oder ausgewechselt wurden, läßt sich dieses Teil vorsichtig mit dem Messer wieder heraustrennen. Falls die alten Gipsplatten, an denen das Augengestell (19) befestigt war, noch vorhanden sind, diese mit Kontaktkleber wieder ankleben, wenn nicht, das Augengestell rechts und links mit Gips neu eingießen.

Form einer Zunge

Wenn die alten Zähne noch im Kopf sind, diese mit Kontaktkleber wieder befestigen. Ansonsten kann man sich aus weißem Kunststoff (z.B. Joghurtbecher) Zähnchen zurechtschneiden und diese dann einkleben. Aus rotem Papier kann man eine Zunge ausschneiden und diese hinter die Zähnchen kleben. Alte Zähnchen und Zelluloidzungen sind noch bei der Firma Wanke, Limburg, zu beziehen.

Beim Festmachen von Perücken vor allem wieder auf den richtigen Klebstoff achten, um Puppe und Perücke nicht zu beschädigen. Auf den sogenannten Glattkopf einen passenden Kopfdeckel aus Pappe (20) kleben, antrocknen lassen, dann Kopfdeckel mit Kontaktkleber bestreichen und Perücke vorsichtig daraufsetzen.

Bevor man sich an die nächsten Reparaturen heranwagt, sollte man erst einmal an einem alten Stück Zelluloid die Reaktionen des zu verwendenden chemischen Mittels erproben und damit experimentieren, denn nur wer Übung hat, kann dann auch wirklich eine Arbeit dieser Art ausführen – ansonsten kann es sehr leicht passieren, daß man mehr beschädigt als repariert. Zum Kleben eines Sprunges flüssiges Azeton mit einem feinen Pinsel in den Sprung hineinstreichen, Sprung zusammendrücken und mit einem Streifen Tesa zusammenhalten, bis die Klebstelle getrocknet ist. Aber Vorsicht! Achten Sie darauf, daß das Azeton auf keinen Fall über die Klebstelle kommt, sondern nur in diese hineinläuft. Wenn Azeton über andere Teile rinnt, hinterläßt es Ätzspuren; schon Azetonreste am Finger können unschöne Fingerabdrücke auf der Puppe hinterlassen.

Zum Auskitten von Löchern im Zelluloid benötigt man formbare Zelluloidmasse. Diese kann man herstellen, indem man alte Zelluloidteile in Azeton auflöst, bis eine breiartige Masse entsteht. Damit werden nun die Löcher ausgekittet – aber nicht zu dick auftragen, sondern in mehreren Schichten, da sonst zu große Spannungen im Material entstehen. Zum Schluß die ausgebesserte Stelle mit einer Feile säubern.

Das Ausbessern der Bemalung sollte man nur vornehmen, wenn es unbedingt erforderlich ist und wenn man geübt ist im Umgang mit Pinsel und Farbe. Empfehlenswert dazu ist Hobbymattlack, wie er in den Bastelabteilungen der Spielwarengeschäfte (zum Modellbau) in allen Farben angeboten wird.

Die Pflege einer Puppensammlung

Die Erhaltung einer Puppensammlung ist abhängig von ihrer richtigen Pflege. Zelluloidpuppen dürfen nie direkter Sonnenbestrahlung und Wärme ausgesetzt werden. Die Sammlung ist am besten in einer Glasvitrine untergebracht – hinter Glas verstauben Kleidung und Material nicht so schnell. Ich selbst «lebe» mit meiner Sammlung, das heißt, ich habe meine Zelluloidpuppen an verschiedenen Stellen in der Wohnung plaziert.

Dies bedeutet aber, daß die Puppen Staub und Licht ausgesetzt sind, und so muß ich eben hin und wieder die Kleidung in einem Feinwaschmittel vorsichtig auswaschen. Die Puppen selbst reinigt man, wenn sie verstaubt sind, mit einem Pinsel, ansonsten wäscht man sie vorsichtig mit warmem Seifenwasser ab – keine alkoholhaltigen Reinigungsmittel verwenden!

*

Register

Literatur

Coleman, Dorothy, Elizabeth u. Evelyn: The Collector's Encyclopedia of Dolls, London 1970.

Buchholz, Shirley: A Century of Celluloid Dolls, Cumberland, USA.

Cieslik, Jürgen u. Marianne: Europäische Puppen 1800–1930, München 1979.

Cieslik's Lexikon der deutschen Puppenindustrie, Jülich 1984.

Das Standardwerk für jeden Puppensammler: Puppen Alben 1–6

160 Seiten, 214 Farbabbildungen, DM 68,–

PuppenAlbum 1
Deutsche Porzellanpuppen
Parianpuppen, Biskuitporzellanpuppen, Charakterpuppen, Babys, Exoten, Automaten und Nippespüppchen werden in großformatigen Porträts gezeigt und nach Sammelkriterien systematisch beschrieben. Fachbeiträge vermitteln für jeden Puppensammler unentbehrliches Grundlagenwissen über Porzellanarten, Puppenkörper, Perücken, Augen und andere wichtige Bestimmungsmerkmale.

144 Seiten, 183 Farbabbildungen, DM 68,–

PuppenAlbum 2
Französische Porzellanpuppen
Die liebenswerte Welt der französischen Porzellanpuppen ist Thema des zweiten Bandes. Hier werden systematisch die berühmten französischen Marken präsentiert. Durch die farbigen Abbildungen können Sammlerstücke leicht und genau bestimmt werden. Ein eigenes Kapitel behandelt das wichtige Thema Reproduktionen und Fälschungen.

128 Seiten, 343 Abbildungen, DM 68,–

PuppenAlbum 3
Käthe-Kruse-Puppen
Hier werden diese weltberühmten Puppen in allen für einen Sammler wichtigen Typen gezeigt. Puppen Album 3 ist das erste Puppenbuch, das eine vollständige Übersicht über Käthe-Kruse-Puppen von 1911 bis 1952 bietet. Zum ersten Mal werden auch sensationelle Dokumente veröffentlicht. Den Werdegang der Käthe-Kruse-Puppen belegen historische Bilddokumente.

128 Seiten, 167 Abbildungen, DM 68,–

PuppenAlbum 4
Charakterpuppen
Dieser Band widmet sich den Charakterpuppen von Armand Marseille bis S.F.B.J.: stellt die berühmte 100er-Serie von Kämmer & Reinhardt vor. Besonders gründlich werden die Sammelkriterien für Charakterpuppen herausgestellt, wie lachende Gesichter, offen-geschlossener Mund, starke Modellierung. Ein besonderes Kapitel präsentiert Charakterbabys – vom Kaiser-Baby bis zum Bye-Lo-Baby sowie Kewpie-Puppen aus Amerika und die lustigen Googlys.

128 Seiten, 139 Abbildungen, DM 68,–

PuppenAlbum 5
Orientalen – Negerpuppen und Exoten
Was und wie sammeln? Vom javanischen Puppenspiel zur Spielpuppe – Orientalen in Holz, Wachs, Pappmaché und Biskuit-Porzellan. Tips für Sammler. Die Stars unter den Orientalen: Chinesen-, Burmesen-, Koreaner-Puppen. Dekorative Orientalengruppen – Japanische Puppen aus Muschelkalk – Japanische Handpuppen – Negerbabys, Neger-, Mulatten-, Indianer-Puppen. Originalkleidung: Tips zum stilgerechten Nacharbeiten von Puppenkleidung.

152 Seiten, 288 Abbildungen, DM 68,–

PuppenAlbum 6
Puppenstars
Die schönsten Puppen der Welt
Ein extravagantes Werk deutscher und französischer Porzellankopfpuppen, das alle Sehnsüchte engagierter Sammler zufriedenstellt. Diese Puppen empfehlen sich als wirkliche Kunstwerke. Viele Stücke werden kaum noch auf dem Markt angeboten. Daher ist mit diesem Buch Gelegenheit gegeben, sie alle auf einmal zu besitzen. Die Abbildungen sind – wie bei allen PuppenAlben – von besonders hoher Qualität und genügen höchsten Ansprüchen.

Preisänderungen vorbehalten

Verlag Laterna magica

Joachim Richter · Stridbeckstraße 48 · 8000 München 71